Erwin Jaeckle · Die Lebenslinie

Für
Claire Scheuter,
*die meine Arbeit mehr als fünfzig Jahre lang
treu und fürsorgend
begleitete*

ERWIN JAECKLE

DIE LEBENSLINIE

Eine seltsame Biographie

Die Einbandzeichnung bietet einen Ölbaumstamm.
Sie wurde vom Autor 1935 anlässlich seines zweiten
Dalmatienaufenthaltes entworfen.

© 1993 by Th. Gut & Co. Verlag, 8712 Stäfa
Gestaltung, Satz und Druck:
Zürichsee Druckereien AG, 8712 Stäfa
ISBN 3-85717-076-X

Vorwort

Um die Art, die ich vertrete, erhellend der immer sichtbarer bevölkerten Welt meiner Ahnen gegenüberzustellen, die ich in den beiden Bänden meiner «Alamannischen Geschichte» (Zürich 1976) vergegenwärtigt habe, ging ich dazu über, meiner Biographie habhaft zu werden. Ich tat dies bis zu meinem Berufsende 1971 in den Rückblicken «Schattenpfad. Frühe Erinnerungen» (Zürich 1978), dem «Niemandsland der Dreissigerjahre» (Zürich 1979) und den «Erinnerungen an die ‹Tat›» des Jahres 1989.

Seit 1971 mühte ich mich, meine jeweils herrschenden Gedankengänge und Erinnerungen einzufangen. Ich tat dies in den bisher unveröffentlichten Bänden «Das Elsternnest. Zufälle und Einfälle», in den beiden Sammlungen der Überschrift «Nidsigänds. Fingerübungen», den Nachträgen von «Obsigänds» und bis auf den heutigen Tag in ebenfalls zwei Bänden der «Letzten Windmünzen». Damit überblicke ich mein ganzes Jahrhundert.

Bei diesen Aufzeichnungen wurde ich inne, wie ausgreifend ich mich der ganzen geistigen Welt, in die ich hineingeboren worden bin, annahm und wie ich es in ebenso zwanghaften wie folgerichtigen Entfaltungen tat. Das innere Wesen spiegelte sich im Gegenstand, und die äusseren Sachbewältigungen wurden zu inneren Erlebnissen. Das gewährleistete die geistige Einheit, die ich bin. Die tagebuchähnlichen Eintragungen erwiesen sich als gewachsene Erzadern, die mancherlei Abbau ertrugen. Dieser hatte Zeugnischarakter. Selbst in den fachlichen Erörterungen ging es um persönliche Besinnungen. So seien denn hier einige zusammengetragen. Die aufgefächerten Gedankengänge zeugen für einen Autor, der sie in ihrer Einheit zu erkennen strebt.

Genealogische Arbeitshypothesen

Das Geschlecht der *Jäckle*, das, je nachdem es die Geistlichen des katholischen Spätmittelalters oder die Pfarrherren zu Beginn der reformierten Neuzeit hörten, auch als *Jaeckhlin* geschrieben wurde, stammt aus der späteren Altwürttemberger Enklave des Baar-Schwarzwaldes von Martinsweiler unter der Kirche Buchenberg her. Es betreute über vierhundert Jahre lang einen Doppelhof, der dem Anerbenrecht zufolge immer wieder seine ältesten Söhne in die Welt schickte und gemäss dem Haischbuch «ze Marzyswiler», vom Kloster St. Georgen um 1350 als öffentliche «curia» geführt, beim Tode des Lehensträgers drei «fähl» eintrug. Selbst als die beiden Höfe nach dem letzten Träger meiner zwölften Ahnengeneration Hans Jäcklin an zwei seiner Söhne gingen, wurden die Halblehen, die zusammen 26 208 Aren (mit einer Quadratseite von 1619 Metern, also 2 621 161 Quadratmeter) umfassten, gleicherweise als «dess Königs Lehen» bezeichnet, und da dieser Name über Jahrhunderte hin straff gewahrt galt und gilt, kann die Bezeichnung nicht auf einen Lehensträger der Jahre zwischen 1350 und 1460 des Namens Closli Küng zurückgeführt werden, denn sie würde zweifellos wie etwa «Kings Eschle» verschlissen als Kingslehen oder als Küngslehen auftauchen und nie das vorangestellte «dess» tragen. Die Benennung «dess Königs Lehen» blieb aber über fünfhundert Jahre hin unangetastet erhalten. So muss man denn annehmen, dass es bei «dess Königs Lehen», das 1089 von Folmar von Friedingen, einem vir nobilis, und um 1095 durch seinen Bruder Reinold wie dessen Sohn Folmar von Nendingen dem Kloster übereignet worden war, in der Vergabung der Sippe nicht um deren Allod ging, sondern Königsgüter betraf. Solche wurden in der Baargegend schon von den Merowingern und den Karolingern vergeben. Sie fanden sich als Lehen in der Verwaltung edelfreier Dienstleute.

Der erste Inhaber des Doppelhofes, dessen Namen ich trage, wird 1482 bis 1485 als Meier des Klosters St. Georgen und als «Verweser des Vogtes von Waldow» angeführt. Der adelige Vogt, den er vertrat, nannte sich nach der Burgstelle Waldau, und er stand dem Buchenberger Gericht vor. Waldau und Königslehen zusammen gehörten dem Buchenberger Stab an, dem im Verlauf der Jahrhunderte etliche Jäckle als Stabsvögte dienten. So wahrte denn jener erste lückenlos nachgewiesene Jäckle als Verweser des Vogtes, der in Hornberg sass, die württembergischen Rechte.

Dass «dess Königs Lehen» fränkisches Königsgut gewesen sein kann, wird durch die

Namensgebung von Martinsweiler gestützt, denn der heilige Martin war vom 8. Jahrhundert an der Nationalheilige der Franken. Martinsweiler gehört unweigerlich dieser fränkischen Tradition an. Gewiss ist überdies, dass Martinsweiler im Raume der karolingischen Baar-Königsgüter liegt. Deren nächste Zentren Schwenningen und Villingen liegen zwei bis drei Wegstunden entfernt. Dabei könnten die Jäckle vom nahen Klengen herstammen, denn sie sind dort 1440, in Villingen 1464 und 1477 bezeugt, während die Martinsweiler, um 1482 genannt, sicher erst nach 1460 auftauchen.

Die Königsgüter waren verteilter Streubesitz. Kleinere und grössere Höfe versorgten die Zentren. Sie bedurften schon ihrer Aussenlagen wegen der Verwaltungsmacht von Grafen und Edelfreien. Schon im Jahre 817 war auch Klengen als Grafengut königlichen Besitzes. Es ist eine grössere Zahl von Mansen solcher Art verbürgt. Um jene Zeit gab es aber auch in Schwenningen und Villingen Königsbesitz, wobei manche der zugehörigen Mansen von den königlichen Lehensträgern an Klöster bis nach St. Gallen hin verschenkt worden sind. Eine «curia» war dabei stets ein Verwaltungskreis – res proprii nostris. So dürfte denn auch «dess Königs Lehen» ein örtliches Verwaltungszentrum gewesen sein, wie es dies auch späterhin blieb. Es lag inmitten eines Rodungsgebietes und grenzte an den wohl schon staufischen Turm von Waldau.

Nach all dem dürften die Jäckle über Jahrhunderte hin ein karolingisches Königsgut betreut haben.

*

Während mein Freund J. Paul Zwicky von Gauen 1972 meine Ahnentafel, die er sich vorab anhand von Kirchenbüchern erarbeitet hatte, veröffentlichte und darin ebenfalls fünfzehn Generationen meines Mutterstammes der Bollinger von Neubrunn (zwischen Turbenthal und Bichelsee) einwandfrei vorzulegen verstand, wurden 1986 seine Ergebnisse durch die vollständige «Chronik der Bollinger von Neubrunn», die wir Hedy Bollinger-Lienhard danken, bestätigt. Der umfängliche Band legt die ausgebaute Stammtafel des Geschlechtes von 1458 bis heute vor und gibt auch die erste Urkunde von 1362 mit.

Die sorgfältige und überaus fündige Bearbeiterin besitzt aber überdies ein Bündel von Forschungsakten, die ungezählte Namensnennungen nach Bollingen am Zürcher Obersee und auf die alamannische Besiedelung des süddeutschen Raumes zurückzuführen vermögen. Bei all dem fällt auf, dass schon jener Hans Bollinger, dem 1458 der Abt von St. Gallen die Vogtei verliehen hat, so reich war, dass man nicht weiss, wo man die anderen Sippen im Neubrunner Tal ansiedeln soll. Sein Urgrossvater war bestimmt jener Bollinger, der als *der* Bollinger 1362 das «gut gelegen ze Nünbrunnen» bebaute. In seinem Umkreis erscheint gleichzeitig ein Heinrich Frank von Bollingen, der, als Edelknecht bezeichnet, auf einen Frank von Bollingen zurückgeht, der von Ritter Heinrich von Klingenberg als «min diener» angeführt wird und «ze Tannegge», also auf Schloss und Städtchen, sass und der 1352 bei «Curwahlen» fiel und sein Ross verlor. Tannegg liegt Neubrunn sehr nahe. Ferner hatte Heinrich Frank von Bollingen einen Sohn Hennyn von Bollingen, der 1398 in Steckborn Reben besitzt und den man dort «nempt ‹Turbental›». Demnach ist denn gesichert, dass die Herren von Bollingen, deren Burg am Obersee schon um 1259 abgegangen war, zu dieser Zeit in und um Turbenthal gehorstet haben müssen. So liegt es also nahe – und Reichtum wie Vogteiverleihung scheinen es zu stützen – anzunehmen, dass jener Bollinger von 1362 an der Seite Heinrich Frank von Bollingens ein verbauertes Mitglied des Rapperswiler Ministerialengeschlechtes war, wie es damals und immer wieder Herren von Breitenlandenberg gab, die zu Bauern wurden und die sich schlicht «Landenberger» schrieben. Der niedere Adel vermochte nämlich des öftern nicht mehr als einen Sohn ritterlich auszustatten, und die Töchter wurden den Klöstern zugeführt.

Gewiss: Arbeitsthesen sind keine gesicherten Ergebnisse. Sie haben aber in den Jahrhunderten vor den Kirchenbüchern aufgrund von Urkunden besonderes Gewicht, und nur sie, will man sich nicht dem Zufall überlassen, können zu Wünschelrutengängen über neuen Funden ermuntern.

Genealogie als Naturwissenschaft

Es ist seltsam, dass die Genealogie, die bei Erbanlagen und bestimmten Krankheiten als Hilfswissenschaft ein gewichtiges Wort mitsprechen könnte, kaum je mit vollem Einsatz als interdisziplinäres Fach zu Würden gekommen ist. Ihre phänomenologischen Materialien sind überaus bescheiden und ihr Lehrstuhl ist ohne sichtbaren Rang. Zudem blieb sie bis in unsere Tage hinein mit Eitelkeiten belastet, die, wenn es hoch kam, über die bekannten Einstiege zu Karl dem Grossen das Geschichtsbewusstsein beschränkt zu heben versprachen.

Zwar liess Eduard Heydenreich, der von vielen Gelehrten des In- und Auslandes beraten war, 1913 als Königlich sächsischer Kommissar für Adelsangelegenheiten in Leipzig den ersten Band des «Handbuchs der praktischen Genealogie» von dem Geheimen Giessener Medizinalrat und Hochschullehrer R. Sommer mit einer zehnseitigen Darstellung der «Familiengeschichtlichen Quellenkunde im Gebiet der Psychiatrie und Anthropologie» abschliessen, doch kommt der Referent kaum über methodische Fragen wie eine kritische Quellenkunde hinaus, und er bleibt bei der Forderung, es müsse die stammesgeschichtliche Betrachtungsweise der differentialdiagnostischen Erkenntnis die Waage halten, stehn. Zu viele Angaben würden, vorab in den Fällen der Geisteskrankheiten, übel verschleiert; Anlage und Vererbung seien nur unter besonderen Vorkehren fassbar zu machen. Auch gelte es, die endogenen Störungen hart von den erworbenen zu unterscheiden. Der tragfähige biologische Standpunkt sei demnach von der psychiatrischen Familienforschung schwer zu gewinnen.

In der Folge heischt der Autor begründet Sippschaftstafeln, die Aszendenz und Deszendenz lückenlos verschränkten. Doch verweist er in solchen Zusammenhängen auf das biogenetische Grundgesetz Haeckels, dem zufolge die Ontogenese die Phylogenese wiederholt, so dass sich manche Individualeigenschaften mittels der Biologie der Ahnenreihe deuten lassen. Man habe sich aber zu hüten, Paraphrasen des Symptoms als naturwissenschaftliche Einsichten auszugeben.

Indes machte schon im selben Band Otto Forst, der sich später de Battaglia nannte, auf die Erscheinungen des Ahnenverlustes (S. 46 ff.) aufmerksam. Sie nämlich brechen in die Gesetze der geometrischen Tafelprogression ein, indem unter ihrer Wirkung die stets verdoppelnde Ahnenzahl nicht mehr lauter verschiedene Personen als Ahnen zulässt. Otto Forst gibt dazu Beispiele aus dem beschränkten Ehekreis des Hochadels. Er gedenkt aber der Implexphänomene der Stände, der Glaubensbekenntnisse, der abgelegenen Hochtäler und ihrer Inzuchtdörfer, der kriegerischen Verheerungen, vorab jener des Dreissigjährigen Krieges, nicht.

Eine Generation später, 1948, hat Otto Forst de Battaglia als Universitätsprofessor das Versäumnis aufgearbeitet. Damals erschien in Bern als «Einführung» seine «Wissenschaftliche Genealogie». Darin spricht er schon auf den ersten Seiten von den «Rätseln» der Ahnentafel. Er führt dabei neben dem Ahnenverlust und dem Inzest vor allem die «Kraftlinien der Ahnentafel» an. Ferner erwähnt er unter den Ergebnissen der Biostatistik Lebenserwartung, Heiratsalter, Generationendauer und Fruchtbarkeit. Er gedenkt auch E. Murrs «Sippenkunde» von 1936 und Robert Sommers «Familienforschung,

Vererbungs- und Rassenlehre» von 1927. Dazu kommen Hinweise auf ein Handbuch der «Menschlichen Erblichkeitslehre» von 1940 und der Folgejahre, auf E. Guyénots «L'Hérédité» von 1942, P. Ruggles-Gates zweibändige «Heredity in Man» von 1929 und W. Schallmayers «Vererbung und Auslese» von 1919.

Ein beinah dreissigseitiges Kapitel über «Die Ahnentafel und ihre Lehren für die Erbforschung» (S. 155–183) beschliesst den allgemeinen Text, eh dieser zu den beinah dreissig Seiten des Literaturverzeichnisses übergeht. Es erläutert die erhärteten Begriffe des Ahnenverlustes genealogisch und erörtert die neuen biologischen der Erbintensität, die sich an Tafelort und Häufigkeit des Vorkommens erweisen, vorab aber der Erbkraftlinien. Es nimmt sich aber auch der Inzucht, des genealogischen Schocks, der biologischen Fortwirkenskraft und der erbstarken Ahnen an. So gewinnt denn die Ahnentafel ihre biologische Topographie, ohne dass diese mit reichen Beispielsammlungen in ihrer Gesetzmässigkeit erhärtet würden. Schlusskräftige Regeln wären an solche gebunden.

Der *Ahnenverlust* ist mit der Ahnengleichheit der Vorfahrentafeln gekoppelt und viele Erfahrungen weisen darauf hin, dass etwa der Reihe der elften Generation besondere Bedeutung zukommt. Er ist um so grösser, je früher er auftritt und je geschlossener der Ehekreis des Prüflings ist. Die Endogamie verstärkt dessen Wirksamkeit. Tritt der Ahnenverlust erst in höheren Reihen auf, so hat sich zu ihrer Zeit die soziale Ausschliesslichkeit gelockert oder es brechen dannzumal besondere Geschichtsereignisse ein. Der Ahnenverlust ist auch in protestantischen Gegenden geringer als in katholischen. Sie bieten eine grössere Ehewahl an. Wird die Inzucht bewusst, so festigen sich die Merkmale der Erbüberlieferung.

Die «zahlenmässig ausdrückbare Stärke des Erbeinflusses auf die Nachkommen» wird als *Erbintensität* erfasst. Sie zeigt sich zwingend an der Häufigkeit eines Ahnenvorkommens, wobei allerdings auch erbstarke Ahnen ihre überraschende Rolle spielen.

Unter solchen Voraussetzungen und unvermeidlichen Modifikationen bestehen nach Otto Forst de Battaglia auf der Ahnentafel *Kraftlinien,* die weitgehend durch Folgen von Angehörigen des gleichen Geschlechtes festgelegt werden. Geschlechtswechsel bricht sie. Die reine Vaterlinie der Mutter und die reine Mutterlinie des Vaters ist von ausgezeichneter Bedeutung. Doch ist dies alles weniger Lehre als Frage und Auftrag.

Mit ähnlichen Problemen sind auch Inzest und genealogischer Schock verquickt. Sicher ist, dass die Erbbehaftung bei Lungenerkrankungen, vielen Missbildungen, der Homosexualität, der manischen Depression augenfällig werden kann und der Sichtung bedarf. Auch die genialen Anlagen der Bach und der Bernoulli wären erneut zu erforschen. Schock und Inzucht sind von eigenem Gewicht. Hochkasten haben andere Erbfolgen als Gewerkschaften. Selbst die biologische Strahlkraft wäre erforschbar, wenn sie auch zuweilen namenlosen, aber erbstarken Ahnen zuführt. All dies ist eindrücklich ahnbar, wenn auch kaum zeugniskräftig zuhanden. Es ruft jedoch die Genealogie gebieterisch zur naturwissenschaftlichen Besinnung auf.

Vieles davon zu erhellen, gebe ich meine eigenen Einsichten preis. Ich tue es um so bewusster, als ich mich jahrzehntelang mühte, nicht nur meine Ahnentafel gesichert anzureichern, sondern auch in Arbeit und Biographie so sichtbar zu werden, dass sich die Leistung mit dem Erbe überzeugend vergleichen lässt.

Damit ich es glaubwürdig tue, sollen auch die misslichen Ergebnisse nicht verschwiegen werden. In der Stammtafel meiner mütterlichen Bollinger von Neubrunn-Turbenthal, die 1986 durch Hedy Bollinger-Lienhard erarbeitet worden ist, findet sich in der vierten Ahnengeneration (durch einen Eintrag im Kirchenbuch urkundlich bezeichnet) ein «Hinker» des

Namens Hans Ulrich Bollinger (1762–1820). Meine Mutter zählte selbst zu den Erbbetroffenen, und «Hinker» war auch mein Vetter Hans Bollinger in Kanada. Sie beide stammen von Hans Ulrich Bollinger von Hofstetten bei Elgg (1833–1885) her, der das Erbübel vermittelt haben dürfte. Andere «Hinker» wird die Tafel wohl verschweigen.

Ferner blickt die Mutter meines Vaters in ihrer sechsten Generation auf einen Jakob Müller (um 1647–1682), der Bürger von Schwenningen in der Baar war, zurück. Er gehörte einer schwer belasteten Familie an, und sie, die selbst schwermütig war, hatte zwei Töchter, die an manischen Depressionen litten, die sich zur Schizophrenie hin steigern konnten.

Was demnach im übeln Fall über Generationen hin wirksam blieb, dürfte aber auch für die Begabungen gelten, wobei in meinem Falle vorab die *Ahnengemeinschaften* eindrücklich sind. Sie alle erreichen mich über meine Mutter Barbara Bollinger (1880–1972) und deren Mutter Barbara Bleuler (1840–1914). Sie beide – und nur sie unter meinen Ahnen – waren mit Leidenschaft büchersüchtig und dichterisch begabt. Ich selbst bin es, wobei von mir einundzwanzig Gedichtbände vorliegen, die mir neben etwa fünfzig anderen Schriften bisher sieben beachtliche Preise eingetragen haben. Zudem hing ich lebenslang den Naturwissenschaften nachdenklich an. So haben denn sechs naturphilosophische Werke, darunter solche von grossem Umfang, ihren Verleger gefunden. Bei all dem habe ich mit mässigerem Einsatz meine malerischen Utensilien seit Jahrzehnten stets bei mir, so dass ich mich als Dichter ernst nehme, mich aber auch als Naturphilosoph einstufe und gerne zeichnend tätig wäre.

Diese Tatsachen werden sinnvoll durch jene auffallenden Ahnengemeinschaften unterstrichen. Über den erbstarken Ahn Gerhard Stiefel von Illnau (1612–nach 1643), der in meiner zehnten Ahnengeneration erscheint, und seine Gattin Magdalena Jucker von Pfäffikon bin ich mit Gottfried Keller (1819–1890) verwandt, und ich bin ihm ferner über den Stadtfähnrich und Ratsherr ehemals hochadeligen Geschlechtes, Hans Martin Lauffer von Eglisau (1563 bis 1625/33), verbunden. Über die Eglisauer Meier gelange ich zweifellos zu Conrad Ferdinand Meyer (1825–1898), dessen Literaturpreis für Lyrik ich 1958 entgegennehmen durfte. Der Müller und Zwölfer zum Weggen, Heinrich Usteri (1534–1579), bezieht mich, meiner zwölften Generation zugehörig, auf den Dichter, Ratsherrn und Zensor zu Rapperswil, Johann Martin Usteri (1763–1827), dem wir das Lied «Freut euch des Lebens» verdanken. Ahnenverwandt bin ich noch über Jakob Juchli und dessen Eglisauer Gattin Verena Schnetzer mit dem Priester und Novellisten Heinrich Federer (1866 bis 1928).

Alle vier Dichter finden sich in den Ahnentafeln der Urgrosseltern Hartmann Bollinger (1796–1852) von Hofstetten-Elgg, seiner Gattin Anna Barbara Leimbacher (1798–1867) von Bassersdorf und meines Urgrossvaters Hans Jakob Bleuler (1805–1887) von Winkel und Zollikon. Über ihn erreiche ich auch in Erhard Brunner (1578) zu Diessenhofen das berühmte Ärztegeschlecht sowie Johann Conrad Brunner (1653 bis 1727), den Entdecker der Zwölffingerdarmdrüsen, der 1711 als Freiherr von Brunn von Hammerstein in den Adelsstand erhoben worden war. In der selben Ahnentafel zeigt sich auch Michael Wepfer, der 1531 und von 1533 bis 1573 als Diessenhofener Schultheiss bezeugt ist und der in ihm, als gemeinsamer Ahn, den Schaffhauser Stadtarzt Johann Jakob Wepfer (1620–1695), der mit seinem 340 Seiten starken Buch «Über den Wasserschierling» die experimentelle Vergiftungslehre begründete, mitträgt.

Schwächlicher sind die Ahnengemeinschaften mit den Malern Johann Heinrich Lips (1758 bis 1817), der als Kupferstecher für Lavaters «Physiognomische Fragmente» arbeitete und Goethe porträtierte, und Christoph Kuhn (1737–1792), der seiner launigen Wandmalereien im Schloss Wülflingen wegen als «Stöffi von Rieden» bei Wallisellen bekannt geworden ist. Jenen erreiche ich über den gemeinsamen Vorfahr Hans Heinrich Litz in Kloten (1689–1750), diesen über den Wagner Hans Jakob Kuhn. Das mässige Erbe wird auch nicht durch meinen Ahn, den Berner Glasmaler Mathis Walther (1517 bis 1601), verbessert.

Ich habe ferner in vielen Gedichten und Essays über das Geheimnis der Zeit nachgedacht. Väterlicherseits bin ich Nachkomme der beiden Patriarchen der Württemberger Uhrenindustrie, während ich mütterlicherseits vom Erbauer und Zytrichter der astronomischen Uhr auf dem Schaffhauser Fronwagturm (1564), Joachim Habrecht, herkomme. Seine Söhne haben die berühmte Strassburger Münsteruhr erbaut und deren Werkteile in der eidgenössischen Rheinstadt schmieden lassen.

Überaus auffallend ist auch, dass sich mein Lebenslauf über der nationalsozialistischen Bedrohung nach dem verschieden gearteten Ahnenerbe ausgliederte. So schob sich zwischen eine erste Generation meines Lebens und eine dritte, die den mütterlichen Ansprüchen gehorchten, eine männliche zweite des väterlichen Charakters, der unter dem Erbeinfluss von

Philipp Mehne (1766–1834) von meiner fünften Generation her bestimmend wirkte. Mehne war als Gemeinderat Heiligenpfleger und Heiligenvogt. Er hat von 1818 an bis zu seinem Lebensende als Kastvogt und Obmann der 141 Teilhaber der Veesenreicher-Gesellschaft Dutzende von Prozessen gegen den König und den Staat zu deren Ehre erfolgreich zu Ende geführt und damit seinen Mitbürgern die seit mindestens 1570 verbrieften Rechte an der Nutzung des 335 Morgen grossen Schwenninger Kaufholzes gewahrt.

Diese Beispiele und Erwägungen sind wohl zeugniskräftig genug, so dass man die naturwissenschaftliche Vertiefung der Genealogie überzeugt zu fordern vermag.

Der Vater

Der Vater, der mit Stolz 1902 am Fusse des Weinländer Schiterberges Bürger von Kleinandelfingen geworden war, wurde dort am 21. April 1880 im Eigen des «Hinteren Hirschen» geboren, und er starb als Stadtzürcher am 15. November 1958 auf dem Sonnenhügel des Vororts Witikon. Er trug als letztes von vielen Geschwistern den Vornamen seines mütterlichen Grossvaters Würthner (1805–1849).

Erhard Jäckle hatte, vierzehnjährig, in der Turmuhrenfabrik des Bezirksortes, der Mäder AG, eine Mechanikerlehre angetreten. Damit gehorchte er einer tief verwurzelten Anlage, denn noch der wenig über dreissigjährige Vater hat es verstanden, seine Kindheitsträume recht handgreiflich in den Alltag zu holen. Er bediente nämlich eine zimmerweite Geleiseanlage, deren Lokomotive so durch den Raum rasselte, als wäre Blech nicht Blech. Er besass ferner eine metergrosse Dreikesselanlage, die sich über ein umgebautes Schwungrad schwereren Fliehgewichtes und einen faustgrossen Dynamo hell beleuchtete. Überdies streichelte er Samstag um Samstag eine mannshohe Maschine, die er nie unter Feuer setzen konnte, mit Pinseln und Lappen.

Der junge Erhard hatte jeweils über die gedeckte Thurbrücke seine Lehrstätte zu erreichen und, um die Anlage unter Wasserkraft zu setzen, die Schieber zu ziehn. Damals wurden die Zeiger des Zürcher St. Peters geschmiedet, und der Lehrling drehte sich zum Zeichen seiner Begabung ein elegantes Messingrad von einer Spanne Durchmesser und von ausgeklügelter Wucht.

Doch schon im zweiten Lehrjahr musste er seine Lehre verlassen; es hatte sich, obzwar er, der die Schuhgrösse neununddreissig trug, später als kleinster Korporal der Festungsartillerie St. Gotthard keineswegs von minderer Körpergrösse war, erwiesen, dass er für die Härten seines Berufes zu zart war. So wurde er denn dem Vater des nachmaligen Zürcher Stadtpräsidenten Emil Landolt, der am Ort ein geometrisches Büro unterhielt, zur Ausbildung zugeführt. Er brachte es im Jahre 1898 am Winterthurer Wasseramt, 1899 anlässlich der Rigivermessung und im Jahre 1900 bei der Stadtvermessung Brugg so weit, dass ihn der argentinische Staat 1914 als Staatskartograph berief, eine Stelle, die er der eben ausbrechenden Kriegswirrnisse wegen nicht antreten konnte. So blieb er denn von 1901 bis 1939 technischer Beamter des Kantonalen Meliorationsamtes. Er starb, seine geliebte silberne Schaffhauser Taschenuhr hörbar unter dem Kopfkissen.

Sein Ururgrossvater mütterlicherseits, Johannes Jäckle (1741–1800), ist als erster Patriarch der württembergischen Uhrenindustrie in Schwenningen bekannt geworden, und sein Ururgrossvater Jakob Vosseler (1744–1821) gilt als zweiter Patriarch jener, die den wirtschaftlichen Aufschwung der eher ärmlichen Baargegend bewirkten.

Sie beide haben wohl die Uhrmacherkunst von den durchreisenden Wäldnern gelernt. Zwar wurden die Schilder aus dem hiesigen Fichtenholz gefertigt, doch ist das Gewerbe keineswegs rohstoffständig. Da Johannes Jäckle 1774, dreizehn Jahre vor Jakob Vosseler, als Uhrmacher eingetragen ist und schon 1765 bei der Gründung seines Hausstandes als Dreher und Uhrmacher erscheint, dürfte er persönlich die ganze örtliche Berufstradition begründet haben.

Dem entspricht, dass noch ein Christoph Jäckle (1894–1983) als Uhrenkonstrukteur im Ahnenland St. Georgen lebte und nach vierjähriger Bauzeit 1930 seine berühmte astronomische Uhr vollendete. Sie bewegt Sonne und Mond im Tierkreis, wird ihren Phasen gerecht, zeigt die mitteleuropäische Zeit genau an, bietet ein Datumwerk und verzeichnet die Festtage. Diese «Feierabendarbeit» bezeugt die Macht des stiftenden Bluterbes, das dem Geschlecht eigen ist, dessen Namen ich, durch das Muttererbe sowohl leiblich wie auch geistig verfremdet, trage. Ich begegne meinen Uhrmacherahnen ratlos und nur in meiner Zeitphilosophie verständig.

Das Wäldchen

Es war Herbst, Wien unfreundlich, vorwinterlich. Kastanien wurden vor dem Stefferl zu unnennbaren Summen stückweise gekauft. Doch wurde im Prater der Watschenmann bestaunt, das Riesenrad bestiegen. Das Zeremonien- und Wohnappartement der Hofburg, die Menagerie Schönbrunn wurde besichtigt, und der Vater besuchte das Arsenal, als die Mutter mit dem Kinde den Ring mit der Strassenbahn abfuhr. Die Erlebnisse überstürzten sich und hatten sich betäubend schon beinahe aufgefressen, als der Knabe mit einer alten Geige der Gastgeber unter dem Arm durch den Zoll stolperte.

Bald wurde in ein Zweifamilienhaus ausserhalb des Dorfes im «Hof» Niederschwerzenbach umgezogen. Dort wurde die Einsamkeit des Knaben tief und reich. Zwar wohnte im Hause, für das sich der Vater das Vorkaufsrecht gesichert hatte, noch eine fünfköpfige Familie, die sich mit geklemmter und zischender Stimme zur rettenden Sekte der Reinen Bibelforscher bekannte. Sie drohte mit dem nahen Weltende und lockte mit den Verheissungen an der Seite des Vaterthrons. Es musste denn ertragen werden, dass der Knabe, kehrte er aus der Schule heim, von besessenen Blicken empfangen und als Unrettbarer verfolgt wurde.

Die echteren Wunder liessen es erdulden. Ihr grösstes war, dass der Bub stundenlang ungesehen in seinem Föhrenwipfel horsten konnte. Dem Hause gegenüber lag nämlich ein kleines Wäldchen. Rote Stämme ragten aus hell schäumenden Holderbüschen. In ihm fühlte sich das

Kind allem enthoben und wahrhaft erhoben. Durch die schwingenden Quasten der Nadeln schwammen die hohen Sommerwolken, flimmerte das Licht. Strom in Strom fluteten die Zauber. Der Knabe flüsterte in seiner Lichtsprache. Er sass in der Astgabel so fest mit ihr verwachsen, als wäre er Ast unter Ästen. Er bildete sich diese Gefühle aus, wuchs in sie hinein, wurde, war Ast unter Ästen, denn das Licht und der Rindengeruch förderten solche Seligkeiten. Bald drehte es in strahlenden Nestern, bald zog es sich in einen Harztropfen sternhaft zurück. Inmitten seiner Wogen wurde das Herz still, blühten die Sinne. Der kleinste Hauch wurde auf der Haut spürbar; das Unsichtbare war nah.

Zu diesen Lichtspielen gehörte die stets wiederholte Meditation, als Ast unter Ästen, Zweig aus Zweigen zu wachsen, wenn man dem Wuchs nur verhaltenen Atems und beschwörenden Blicks nachdachte, sich an ihm hochdachte, sich verzweigte und endlich aus Nadelhänden in den Glanz geworfen wurde.

Das liess sich auch an anderem Ort üben, ja begehn: wenn man rücklings im Grase lag und den kantigen Stengel des hohen Kerbels mitten aus dem Leib brechen fühlte, mit dem engsten Gedanken sich in die Dolde schwang und in ihr schaukelte.

Das Wäldchen hatte seinen unvergessbaren Ton. Die Bäume konnten gehört werden. Erhob sich eine kleine Brise und schloss er die Augen, so war das Blättergeraschel der Buche vom gekämmten Gesumm der Föhre zu unterscheiden. Wohl war die Welt unendlich weit, ihre Weite aber in Rinde, Stamm und Nadelbüscheln leibhaft zugegen; sie kreiste in den jungen grünen, den braunen hängenden Schuppenzapfen. Das Innige fühlte sich frei, das Freie erfüllte sich innig. Diese Übungen wurden täglich zelebriert, konnte es nicht geschehn, so wurde das Wäldchen über der Strasse oder in Gedanken so heimlich wie vertraulich gegrüsst.

Hinter dem Haus – es lag den kohleschwarzen Engelaugen zum Trotz im Paradies – befand sich eine kleine verlassene Kiesgrube. In ihr harrte der Knabe, bis er zum Abendbrot heimgerufen wurde, vor den Höhlen der Eidechsen. Er wartete auf die Erdige, die Blaugekrönte. Mit ihr sprach er ihre Sprache; es war dies gewiss, denn sie hörte ihm mit erhobenem Kopf, goldenem Blick und pochender Kehle zu.

Einmal nur tat der Bub, was andere taten. Er schnitt sich ein Stengelstück aus der Liane der Waldrebe, die durch sein Wäldchen schwang und rauchte die «Niele» mit fürchterlichen Folgen. Er lag todkrank in der Wiese. Diesmal rächte sich das Licht. Es schmerzte. Seither waren dem Knaben die unpaarig gefiederten Laubblätter, die honiglosen Blüten fremd, ja ungeheuerlich, und als er erfuhr, dass die Pflanze zu den Hahnenfussgewächsen zähle und sogar mit Rittersporn, Windröschen und Dotterblume verwandt sei, verwirrten sich ihm neben den Gefühlen auch die Begriffe.

Des Winters, wenn er dem Wäldchen fernblieb – zuweilen besuchte er es, sich zu zeigen –, war die Kiesgrube Festplatz. Die Tümpel darin waren gefroren, so dass er sich auf den Schlittschuhen in kleinen Schritten und engen Zirkeln ausfahren konnte. Eh er im Frühling seine Lichtbräuche wiederum aufnehmen durfte, lag er nächtelang im Duft der Fastnachtschüechli, die in einem grossen Wäschekorb vor seinem Zimmer aufgestapelt waren.

Aber der Garten konnte nicht von der Welt ausgeschlossen bleiben. Eines Nachts wurde im Glattried einer ermordet, und so hielt denn der Knabe beim Einbruch der Dunkelheit neben der Mutter ängstlich nach dem Vater Ausschau, der während des grossen Streikes durch die verrufenen Schilfbestände zu Fuss von der Arbeit aus der Stadt zurückkehren musste.

Der gemeinsame Ahn

Meine ganze Ahnengeschichte und damit meine Wesensart gehört dem einen alamannischen Himmelsstrich an. Sie wird im Norden durch Balingen, im Süden durch Bern begrenzt, während sie von Westen nach Osten von Basel bis nach Konstanz spannt. Selbstverständlich, dass der Rhein als mächtige Herzader Staaten trennt, selbstverständlich aber auch, dass sich deren Völker auf verschiedene Weise zum Gespräch fanden; dort wanderten viele Schweizer nach dem Dreissigjährigen Krieg in den verödeten süddeutschen Raum aus, und hier fanden nicht nur die Zinsen, sondern auch die Schwabenschnitter bis zu Thur und Limmat durch. Das trug wortarme Besinnlichkeiten und schlagfertigen Schalk hinüber und herüber.

Während mein Vater, der lebenslang den Boden Deutschlands nie betreten hat – nicht unähnlich den Basler Burckhardt –, aus spätmittelalterlichen Ursprüngen des Baar-Schwarzwaldes herstammte, war die Mutter zäh verwurzelte Zürichbieterin. Die Ehe beider verglich und verband also durchaus vereinbare Eigenschaften. Ihr Ausgleich erwies sich bei allen Spannungen als fruchtbar.

Die Ahnentafel beider ist vergleichbar. Sie beschlägt in beiden Fällen vorab bäuerliche oder aber ländlich handwerkliche Geschlechter, die erst spät in städtische Verhältnisse gelangten. Dort hatten die Jäckle in der fünfzehnten Generation des späten Mittelalters 1482 einen grosszügigen Doppelhof als Klosterlehen St. Georgens inne, den sie zwischen den Ständen als Vogtsverweser des Herzogs von Württemberg und Meier des Klosters treu verwalteten, und hier findet sich seit 1458 der reiche Hans Bollinger im Turbenthaler Neubrunn als Vogt des Abtes von St. Gallen vor. Dieser gehört wie jener derselben Generation an. Nur eines der väterlichen Geschlechter, das der Benzing, dem ich vielfältig verflochten bin, reicht lückenlos nachweisbar über bedeutende Vogtslehen bis zu den Gründungszeiten der Eidgenossenschaft, also bis zu Rudolf von Habsburg zurück. Dass sich unter allen Ahnen auch ein Tübinger Spitalpfleger und Bürgermeister – Stefan Kienlin, der 1570 starb – findet, ist darauf zurückzuführen, dass ein Christian Kauth (1643–1727) als Trossinger Gerichtsverwandter und Zoller die Pfarrerstochter Eva Christina Maurer (1648–1715) aus Hausen ob Verena ehelichte.

Beide Tafeln aber haben ihre hervorstechenden Schicksalsträger; väterlicherseits ist dies der 1553 und 1578 verbürgte Mayer der dreizehnten Generation, Hans Lauffer, dessen Sohn als Heiligenpfleger, Richter und Untervogt, Jacob Lauffer, die Villingerin Euphrosyne von Freyburg heiratete, mütterlicherseits aber der Eglisauer Johann Heinrich Lauffer, ehemals hochadeliger Herkunft, der neunten Generation (1640 bis 1693), der als Scherer und Sattler Ratsdiener und Seckler war und dessen Vater die Fischerhäuser Schaffhauserin Anna Barbara von Waldkirch (1512–1651) heimführte.

So senkt sich denn die väterliche Tafel zu den Rottweiler Bürgermeistern Bletz von Rottenstein und zu sechs Generationen der Schwenninger Vögte von Kürneck ab, während die mütterliche über das Konstanzer Patriziat und die Diessenhofener Truchsessen der Kyburger zur Stammmutter der Zähringer, der ersten bekannten Stauferin, einerseits und zu den Karolingern andererseits hingelangt.

Diese beiden spätmittelalterlichen Verwurzelungen geleiten die väterliche wie die mütterliche Ahnenfolge zu einem einzigen gemeinsamen Stammvater und dessen Herkunft hin. Der Vater erreicht ihn von den Freyburgern über die Reichlin von Meldegg. Er vermag den weissen Stamm der Ravensburger Humpis zu erreichen, während die Mutter über die Konstanzer von Roggwil, die von Peyern, Muntprat zu Spiegelberg und die von Ulm zum schwarzen Stamm der Humpis durchfindet.

Gemeinsamer Ahn beider Tafeln und Elternteile ist Hänggi Humpis, der von welfischen Dienstmannen herstammte, die seit 1252 in Ravensburg ansässig waren, und der vom Vater Frick I. Humpis und vom Grossvater Konrad Humpis das Stadtammannamt ererbt hatte, wobei der Vater überdies gegen alle Bräuche noch Landvogt Oberschwabens gewesen war. Ihre Geschichte, die jener der späteren Fugger gleicht, habe ich in meiner «Idee Europa» (Berlin 1988) eingehend dargestellt (S. 212–231).

Wie die Bücher mit mir umgingen

Bücher haben ihre eigenen Ansprüche und Rechte; fallen sie uns an, so tun sie es unwiderstehlich, und antworten sie auf unsere Leidenschaften, so geschieht dies sieghaft. Sie haben über uns Gewalt, wie über die Mücken zwischen den Seiten. So war ich ihnen denn länger als zwei Menschenleben lang – zuerst schausüchtig, dann aber lesegierig – hörig, und dies kam so:

Als Drei-, Vier-, Fünfjähriger wurde ich nicht satt, Jakob Staubs Bilderbücher, die von 1905 an bei den Zürcher Brüdern Künzli mit sechzig Doppeltafeln in Farbendruck erschienen waren und die jene ganze Zeit vorstellten, zu betrachten. Ich lernte vom ersten Heft an, das mit den Zimmergeräten, den Musikinstrumenten,

Werkzeugen, den Baum- und Strauchfrüchten einsetzte und mit der Darstellung von Gebäuden, Ortschaften und Landesteilen endete, die Welt kennen, die sich in den folgenden Heften über die Raubvögel, die Fische, die Lufterscheinungen, die Jahreszeiten, über Zonengemälde, Menschenrassen bis zu den Ameisenstaaten, die Eroberungen der Wüsteneisenbahnen, die Luftschiffe und die Mineralien hin erschloss. Das erste Heft endete mit einem Moralbild, das Mitleid, Mut, Bescheidenheit und Erbarmen eindrücklich lehrte.

Folgenreicher aber war, dass mich meine dichtende Grossmutter im Stadelhofen bei jedem Besuch mit einem weit über achthundertseitigen Band, der die «Schilderung der denkwürdigsten Personen aller Zeiten» enthielt und der vom Verfasser eines anderen Orbis Pictus stammte, beschäftigte. Dieser, der 1839 in Reutlingen erschienen war, enthielt 75 lithographierte Abbildungen, deren Gestalten mich in die zweite Jahrhunderthälfte meines Lebens begleiten sollten: Melchisedek, Achill, David, Salomo, Romulus, Pythagoras, Konfuzius, Sokrates, Aristoteles, Cäsar, Horaz, Virgil, Ovid, Attila, Chlodewig, Mohammed, Columban, Gallus, Wilibrod, Karl der Grosse, die Ottonen, die deutschen Kaiser, Gottfried von Bouillon, Abaelard, Barbarossa, der grosse Staufer, Tell, der Templer Jakob Molay, Winkelried, Gutenberg, Columbus, Cortez, Kopernikus, Kepler, Luther, Zwingli, Ignaz von Loyola, Shakespeare, Richelieu, Leibniz, Herrschel, Linné, Friedrich der Grosse, Lafayette, Cook, Klopstock, Lessing, Napoleon, aber auch Comenius und Pestalozzi, Kant, Herder, Goethe, Gluck, Mozart, Beethoven neben Dutzenden noch. Vor meinen Schuljahren erfreute ich mich damit, dass ich mit Wasserfarben Rüstungen, Mäntel, Schwerter, Helmdecken ausgiebig bekleckste, und in den ersten Schuljahren las ich das Buch von J. E. Gaier an die dreissigmal mit stets wachsender Begeisterung. Zuletzt verstand ich auch, warum es mit Jesus Christus endete, und ich bedachte auf Seite 858 den Satz als Gebot:

Lies oft darin, dann wird es dir gelingen,
Dich von dem Staub nach oben aufzuschwingen!

Die Druckfehlerberichtigung hernach übersah ich unwissend.

Als nächstes Büchlein war mir die «Rosa von Tannenburg» vom «Verfasser der Ostereyer» als «Geschichte aus dem Alterthum» willkommen. Vielfalt und Fülle dieser Leseerlebnisse waren nicht abzusehen.

In der Folge weitete sich meine Lektüre recht eigenwillig aus. Unter den Büchern meines

Vaters fand sich ein ledergebundener Foliant, der den Feldmessern, wie es sein Besitzer war, zur «Praxis Geometriae» alle Stäbe, Astrolabien, Bussolen im Text und auf 39 grossen, in Kupfer gestochenen Falttafeln offenbarte. Das Werk von 1738 war 1761 in sechster Ausgabe zu Augsburg wiederum in Druck gegangen. Aus ihm lernte ich geometrisch zu denken, was mir 1942 zustatten kam, als ich in einem Buch die euklidische Geometrie mit der nichteuklidischen verglich und damit in der Fragestellung Kants das Verhältnis von Anschauung und Denken auslotete. Ich lernte damals nicht nur eine ganze Terminologie, sondern mit den stereometrischen Handgriffen und deren Anwendung in der Kartographie die «Veränderung der Figuren» kennen. Damals war ich etwa zehn, dreizehn Jahre alt.

Dem Vierzehnjährigen schenkte der Vater von Anton Kerner von Marilaun das dreibändige und nach Aquarellen mit unvergleichlichen Farbdrucktafeln bereicherte «Pflanzenleben», das mir die botanische Lebenswelt mit lehrhaftem Anspruch erschloss. Die dritte Auflage, die ich besass, war 1913 in Leipzig und Wien erschienen.

Von solchen Urzellen her wuchs meine Bücherei zu heute dreizehntausend Werken aller Sparten heran. Ich sammelte dabei nur Schriften, die mich sachlich angingen oder später einmal angehn sollten, und es waren ihrer viele. Selbstverständlich, dass manche der Bücher inzwischen selten und unerschwinglich geworden sind. Doch hatte mich meine Bibliothek so überwältigt, dass ich sie nie zu ordnen vermochte, und dies um so weniger, als Teile von ihr zuweilen in entfernten Häusern lagerten und sich rächten. Doch habe ich nur zweimal Bücher erworben, die ich, wie ich später inne wurde, schon besessen habe.

So wohlgerüstet habe ich im Verlauf von Jahrzehnten Hunderte von Rezensionen geschrieben. Die erste wandte sich 1933 der Rhythmusschrift Albert Verweys, des grossen holländischen Freundes von Stefan George, zu, und die letzte erörterte 1990 Fragen der Schwerelosigkeit.

*

Da die dreissiger Jahre – nachdem ich meine Studien kurz vor Weihnachten 1936 abgeschlossen hatte – mit einer schweren Wirtschaftskrise auf uns lasteten, waren Stellenangebote sehr selten, und sie boten kümmerliche Aussichten. So trat ich denn gern im Herbst eine Buchhändlerstelle im Zürcher «Elsässer» an, und ich tat es um so lieber, als der letzte Leiter trotz seines Greisenalters noch hilfreich mitwirkte. Er verstand seinen Beruf meisterlich, pflegte seine Griechischkenntnisse und war der beste Berater für jagdeifrige Kunden. So räumte ich denn keineswegs übel gelaunt nach den vorweihnachtlichen Sonntagsverkäufen während der späten Abendstunden die überaus aufgescheuchten Gestelle wiederum ein. Ich beabsichtigte damals, einen Trakt, der das obere Stockwerk geeignet zu erweitern versprach, hinzuzumieten, dort ein Café einzurichten und gefragte Neuerscheinungen so sparsam aufzulegen, dass die Nachfrage den ganzen Tag über anhalten musste.

Während meiner Arbeitsstunden liess ich den aus Deutschland weggezogenen Wolfgang Frommel, der sich in Holland mit seiner bis heute erscheinenden Schriftenfolge des «Castrum Peregrini» trug, hinter den Stapeln den eben herausgekommenen «Apollon» von Karl Kerényi lesen, denn er konnte sich das Buch nicht erwerben. Zuweilen verkaufte ich auch recht schlechten Gewissens Werner Schmids «Duttweiler durchleuchtet», weil der Vertrieb der Publikation verboten war.

Von mir selbst lagen schon zwei kleine bibliophile Schriften vor, eine erste, dichterische, des Titels «Die Trilogie Pan» (1934) und eine zweite, die «Vom Geist der grossen Buchstaben» (1937) handelte. Sie beide waren in je einem neuen Schriftschnitt von Herbert Post aufwendig gedruckt und in Halle an der Saale erschienen. Die zweite von ihnen strotzte von Druckfehlern. Eben lieferte auch ein Hamburger Verleger mein Buch über Rudolf Pannwitz aus.

Als der Besitzer der Buchhandlung, der sich kurz zuvor mit den Mitteln, die er sich in Abessinien unter Mussolini zu erbohren verstand, einen welschen Ehrendoktor eingehandelt hatte, sein Geschäft als «Gemüseladen» bezeichnete, nahm ich meinen Hut und verliess unter der ehernen Zustimmung Zwinglis das Haus. Ich tat gut daran: Die Buchhandlung stand in den roten Zahlen, und die geplante Renovation des Baus verschlang, wie ich es vorausgesagt hatte, mehr Mittel, als sie die Voranschläge zugestanden.

So trat ich denn im Herbst 1939 voll anderer Pläne, die ich zuvor Gottlieb Duttweiler erfolglos unterbreitet hatte, in die junge Zürcher Zweigstelle des Atlantis Verlages Berlin ein. Nachdem ich dort auftragsgerecht die Sparte der Schweizer Literatur aufgebaut hatte, wurde mir, wie ich später aus der Verlagsgeschichte erfuhr, die stellvertretende Verlagsleitung übertragen. Ich arbeitete als Lektor, über vielen Papierkonten und Satzspiegeln als Hersteller, als Korrektor der reichen Produktion und besuchte anstelle von Martin Hürlimann jährlich zweimal 96

Buchhändler der deutschsprachigen Schweiz. Nur einmal liess ich in St. Gallen, zum Vergnügen des Besitzers, meine bissige Buchhändlerkartei liegen. In solchen Horizonten habe ich dem Verlag Albin Zollinger, Werner Zemp, Hans Schumacher, Max Frisch, Robert Faesi, Max Rychner, Emil Staiger und andere noch zugeführt.

Das grösste Verlagswerk, das wir zu betreuen hatten, war das grossformatige Erinnerungswerk der Landesausstellung 1939. Es wog mit seinen drei Bänden über zehn Kilogramm. So hatte ich denn beinah die ganze vorbestellte Auflage der notwendigen Verkaufssperrfrist wegen in drei Tagen an die schweizerischen Buchhandlungen auszuliefern. Ich tat es, da ich allein der Zufahrtsgassen kundig war, indem ich jeweils zwei voll befrachteten Möbelwagen vorausfuhr. Dies dürfte wohl die grösste Auslieferung des hiesigen Verlagswesens gewesen sein. Tausend Werke wogen nämlich zehn Tonnen.

Damals erarbeitete ich als Herausgeber einige Anthologien, so 1940 jene mit «Gedanken von Jean Paul» und 1942 den umfänglichen Klassikerband «Paracelsus». Ich hielt aber auch 1990 im Gedanken an die Siebenhundertjahrfeier der Eidgenossenschaft den «Grossen Schweizern» von 1938, die ich zu vertreiben hatte, die Treue, indem ich das Werk zusammen mit meinem

Freund Eduard Stäuble auf der Stufe unserer Zeit erneuerte (Th. Gut & Co. Verlag, Stäfa).

Im Jahr 1927 hatte mir mein treuester pfadfinderischer Begleiter Guido Bader die Erstausgabe der «Sonette an Orpheus» geschenkt. Wie erschrak ich (der ich von Klopstock, Goethe, Mörike und Platen herkam), als ich die erste Strophe darin las:

Da stieg ein Baum. O reine Übersteigung!
O Orpheus singt! O hoher Baum im Ohr!
Und alles schwieg. Doch selbst in der Verschweigung
   ging neuer Anfang, Wink und Wandlung vor.

Ich verstand kein Wort, wusste mich aber aufgerufen. Das Buch ist mir in der Folge zum Schicksal geworden. So gab ich denn, zum Eigenen hin gewandelt, 1943 im Atlantis Verlag meinen ersten Gedichtband «Die Kelter des Herzens» heraus. Seither liegen, die herausgeberischen Arbeiten nicht mitgezählt, etwa siebzig Bücher verschiedenster Sparten von mir vor. Die veröffentlichten haben mir von 1958 – dem Conrad Ferdinand Meyer-Preis für Lyrik – an bis 1990 sieben Ehrungen, darunter solche von Zürich, Überlingen, Villach, Minden und Basel–Innsbruck eingetragen.

Zu Beginn des Jahres 1943 habe ich den Atlantis Verlag verlassen, um bis 1971 die Chefredaktion der «Tat» Gottlieb Duttweilers zu übernehmen. Dort hatte ich an meiner Stelle schon 1939 den Freund und grossen Zürcher Essayisten und Lyriker Max Rychner angesiedelt. Als dieser 1962 des Alters wegen unsere Feuilletonredaktion verliess, gelang es mir als Chefredaktor, mich zusätzlich bis 1977 zum Leiter der «Literarischen Tat» zu ernennen. Endlich war ich – Leser, Sammler, Rezensent, Buchhändler, Verlagsfachmann, Herausgeber und Autor – dreiundfünfzigjährig an meinem Lebensziel als Feuilletonredaktor angekommen! Der Autor allerdings war von anderer Art.

Der leidenschaftlichste Leser, den ich gekannt habe, Dr. Walther Meier (er bezeichnete sich nach seinem Vorbild Dr. Samuel Johnson immer als Doktor), der Erfinder und erste Betreuer der «Manesse Bibliothek der Weltliteratur», hat mir leuchtenden Auges folgende Geschichte erzählt: Als einer der revolutionsfeindlichen Franzosen zum Schafott geführt wurde, trat er seinen Weg mit einem Buch in der Hand an. Auf der Richtstätte angekommen, schob er das Lesezeichen sorgfältig zwischen die Seiten, übergab den Band dem Scharfrichter und legte sich, zu sterben, unter das Beil.

Bücher führen uns nicht nur durchs Leben, sondern sie leiten uns auch zu sterben an. So mächtig sind sie.

Trauerrede auf einen Freund

Er und ich – wir beide haben Schulter an Schulter eine lange Wanderschaft hinter uns gebracht.

Sie begann im Vaterhaus des Freundes an der Unterstrassler Kronenstrasse, wo der Jugendschriftsteller Josef Wiss-Stäheli für die Kinderherzen seinen «Nöldi und Pöldi» ausgeheckt hatte und mit eifrigen Fingern den Roman «Mit Sack und Pack zum Zapfenberg» in die Maschine hämmerte, während unser Freund mit fliegendem Haarschopf seinem Beethoven huldigte, die alte Tante Julie die «Göttliche Komödie» zum zweiten Mal mit heisser Begeisterung las, die Schwestern durch die Zimmer fegten und zuweilen der Dichter und Schauspieler Emil Gyr einkehrte und seine Bühnenanekdoten aus den «Jedermann»-Spielen oder dem «Volk der Hirten» zum besten gab. Dieses Heim war mir zu einem erlösenden Unterschlupf geworden, denn bei mir zu Hause herrschten die strengen Welten von Mathematik, Geometrie und Mechanik. Diese sprachen mich zu selten stimmig oder gar erregend an.

Ich hatte den Freund aller meiner Jahre im Gymnasium kennengelernt. Er ging als Träumer durch die Wälder Eichendorffs, war ohne Ehrgeiz, aber solcherart versonnen, dass ihm eine frühe Überlegenheit makellose Gedichte, klangschöne Melodien, blühende Aquarellzauber eingab.

Wir fühlten uns so beide mit flatternden Lavallièren, wie sie unser Deutschlehrer trug, in Girlanden von Versen und Melodien wohl. Wohl fühlten wir uns auch in den Zürcher Wäldern, in den Bündner Bergen auf Pfadfinderpirsch; und ein silberner Frühlingsmorgen am unberührten, unberührbaren Spiegel des Hallwilersees beglückte uns vollends. Die späten zwanziger Jahre liessen uns noch schwärmerisch und hochgemut der Zukunft entgegengehn. Der Freund dichtete einen launigen Einakter, ich tastende Verse. Wir lasen zum ersten Mal Shakespeares Königsdramen, Stifters «Nachsommer».

Als wir unsere Schule abgeschlossen hatten, ermöglichten uns die verständigen Väter eine wochenlange Reise zu den friesischen Inseln Storms, an den Sarkophag Friedrichs des Grossen in Potsdam, vor die Jenenser Studenten Hodlers, durch die Riesengebirgslandschaft Caspar David Friedrichs in der neuen Münchner Pinakothek. Wir legten eine Rose auf die Gruft des unglücklichen Märchenkönigs. Zwar hatten wir uns in Strassburg ein Samtbéret gekauft, doch verleugneten wir unseren Bekenntniseifer in die Hand gerollt.

Unsere Lebensreise führte uns an die Zürcher Universität. Wir waren willens, die vielfältigsten Studien von allen Berufsentscheiden ungetrübt anzutreten, und hörten so neben den Pflichtvorlesungen des Literarhistorikers Emil Ermatinger Walter Muschgs Wünschelrutengänge über der «Tragischen Literaturgeschichte». Viele Semester lang härteten wir uns an den altisländischen Sagas und ihrer herben Sprachkultur. Damals trafen wir uns auch inmitten des blausten Meers auf den Goldginsterinseln Süddalmatiens. Ein andermal marschierten wir – er die weisse Notenrolle, ich den Notizblock in der Tasche – unter den Perseidenschwärmen einer Mittsommernacht ohne jede Rast nach unserem Stein am Rhein.

Doch wurde der Jugend dieser Generation die Flamme bald verschüttet. Die Härte des Lebens und der Geschichte widersprach allen Erwartungen jäh. Das Gemeinsame zu wahren, berief ich den Freund am 1. Februar 1950 in die Redaktion der «Tat» Gottlieb Duttweilers. Er wurde zum verlässlichsten Redaktor, zum mitsorgenden Kameraden. Den Freunden im technischen Betrieb, der Setzerei die Sonntagsarbeit zu erleichtern, verbrachte der Hilfsbereite zahllose Samstagabende auf seiner Redaktionsstube. Er betreute in der Folge verschiedene Sparten, zu Zeiten den Lokalteil, den «Zürcher Spiegel». Er begleitete den Gemeinderat mit schlichtender und ironischer Feder, besorgte verantwortlich die Bildseite, deren Geschichtsdüsternisse er gern mit einer idyllischen Besinnlichkeit auflockerte. Er stand über Fristen hin der Filmseite vor und verwaltete die Sportsparte mit unbeirrbarer Vernunft. Er selbst erwies sich mit Leidenschaft als fingersicherer Schütze, und da ihm versagt war, Soldat zu werden, wurde er gern zum gewürdigten Ordensträger seiner Kranzsiege. Treffsicher war der Freund aber auch in allen seinen Urteilen, mit denen er die öffentlichen Ereignisse begleitete; trefflich war seine saubere Arbeit. Handschlag, Wort und Umgang waren auch dann menschlich, mitmenschlich, wenn der Anlass ein hartes Wort herausforderte.

Gealtert, war unser Freund inmitten der Rosen seines Heimes, das ihm die Gattin voller Verständnis zu bereiten wusste, glücklich, und glücklich war er überaus dankbar. Er erzählte gern und oft von seinen Frühjahrsmühen, seinen Sommerfreuden. Tat er es, so erinnerte ich mich stets zweier Goethe-Verse des «West-östlichen Divans», die abgründig und verhalten zugleich sind:

Unmöglich scheint immer die Rose,
Unbegreiflich die Nachtigall.

Max Rychner, unser 1965 verstorbener gemeinsamer Freund, deutete die Stelle so: «Unmöglich» sei die Rose, weil das Wunder die tiefe Unbegreiflichkeit des Vollkommenen in einem Schauder offenbare. Unmöglich, also schön, wusste unser Freund, dessen wir hier gedenken, sei auch das Leben. Auch das Leben hatte für ihn seine Rosenfreude.

Unsere Wanderschaft ist zu Ende. Wir müssen inmitten so vieler Erinnerungen der Gemeinschaft die letzte Wegstrecke vereinsamt abschreiten. Tun wir es nach seinem Vorbild dankbar.

Mein Weg nach Überlingen

Zürich. Es war an einem Hochsommertag der frühen dreissiger Jahre. Die beiden Freunde hatten sich im Garten der Mutter niedergelassen, den Pfirsichbaum geplündert und schwärmten von ihrer Wahlheimat am Rhein, von der Otmarsinsel des Untersees, der Johanneskapelle auf Burg, den verträumten Strassenzeilen an der Brücke. Um Mitternacht entschlossen sie sich, ihre Begeisterung zu bezeugen. Sie machten sich zu Fuss auf die grosse Wanderung.

Beim bleichen Frühlicht erreichten sie Winterthur, und in der glühenden Morgensonne liessen sie sich vor einem Waldschloss nieder, den *Nocturnes* von Chopin zu lauschen, die, mit zarter Hingabe, aber genauem Anschlag gespielt, aus einem der weit offenen Fenster erklangen. Sie kannten das Schloss nicht. Sie trugen auch keine Landkarte bei sich, denn Orte und Wege, die zu suchen sie ausgezogen waren, liessen sich nicht mit Stift und Stichel festhalten.

Während der hohen Mittagsstunden ruhten sie auf der Burglaube von Hohenklingen aus. Dann zogen sie stromabwärts Diessenhofen zu und kehrten gegen Ende der zweiten Nacht nach Zürich zurück. – Sie hatten sich ihrer eigensten Heimat versichert.

Beinah eine Generation später – ich hatte alljährlich die Rheinstätten besucht – nistete ich mich im Festsaal des Bannerherrn Georg Schmid zu Stein am Rhein ein und blickte Wochenende um Wochenende über die Arbeit hinweg auf die Fresken von 1615, auf denen der Schulmeister Andreas Schmucker die Tierwelt nach einem Holzschnitt von Tobias Stimmer paarweise in die Arche einziehen liess. Der Elefant führt sie an, und zwei Einhörner schliessen den Zug, über dem neben dem Drachen auch die Vögel Einkehr halten. Unter ihnen trabt der rote Ochse über die Brücke. Zum «Roten Ochsen» heisst das Haus, und der Drache Sankt Georgs ist das Wappentier des Städtchens. Schmucker hat seine Arche vor Petershausen und seiner Vaterstadt Konstanz gemalt.

Von dieser Platzstube aus eroberte ich mir die

Seelenlandschaft, ihre Geschichte, und so wurde ich denn inne, dass viele meiner frühen Ahnen in den Orten an der Herzader des Grenzstroms gewohnt hatten. Ich suchte sie in allen Urkunden, in den spätmittelalterlichen mit aufmerksamerer Neigung. Ich spürte ihre Wohnstätten, die städtischen, die festen auf und entdeckte, dass sich die beiden Nachtwandler seinerzeit über dem Dorf Hüttwilen vor dem Schloss Steinegg ausgeruht hatten. In ihm wohnten um die Jahrtausendmitte einige Generationen meines Konstanzer Ahnengeschlechts von Peyern. Dieses stammt aus Markdorf und stellte zu seiner Zeit den letzten österreichischen Schultheissen zu Stein am Rhein. Sein Wappen trug in Silber drei blaue Hüte mit weissem Aufschlag und mit Kinnband. Es geht um das Wappen, das die beiden Epitaphien an der inneren Westwand der Seitenschiffe des Überlinger Münsters zeichnet. Der eine Gedenkschild trägt den Namen Wilhelms von Peyern, der vor Weihnachten 1540 verstorben ist und der ein Neffe des zweiten Besitzers von Steinegg war; dieser ist von 1504 bis 1537 urkundlich bezeugt. Ein Albrecht von Peyern war schon 1454 in Überlingen des Rats, und auf ihn folgten Eilfer und Spitalpfleger seines Namens. Viele von Peyern siedelten also um die Seen; sie beschenkten das hiesige Franziskanerkloster, waren Einsiedler Stiftsleute in

Eschenz und besassen um die Mitte des 14. Jahrhunderts die Burg Raderach bei Buchhorn. Der Zweig, der die Thurgauer Besitzungen erwarb, hatte in Konstanz öffentliche Ämter inne.

Unter meinen väterlichen Ahnen findet sich auch die Gattin des Villinger Bürgers Jacob Freiburger, Agnes Reichlin von Meldegg, die Tochter jenes Clemens, der mit Unterbrüchen von 1482 bis 1504 Bürgermeister von Überlingen war, die Holzschnitzereien in der Ratsstube in Auftrag gab und 1516 starb.

Die Fusswanderung des Jugendlichen war so zur Geistwanderung des Alternden geworden. Ihr wurden auch geringe Zeichen bedeutend und lieb. Etwa jenes, wonach ein Schaffhauser Ahn, Hans Waldkirch, der Goldschmied war und von 1465 bis 1475 seiner Stadt als Bürgermeister vorstand, die Überlinger Bürgerin Margareta Schwigger geheiratet hatte. Sie dürfte wohl die Tochter Jörg Schwiggers sein, der im Überlinger Steuerbuch von 1444 ebenfalls als Goldschmied auftritt und der von 1451 bis 1466 Zunftmeister und Ratsmitglied war. Es berührte mich auch, als ich, der ich 1943 eine umfängliche Auswahl aus dem Werk des Einsiedler Arztes Paracelsus veröffentlicht hatte, kürzlich erfuhr, dass eine Überlinger Handschrift von 1613 einen verschollenen Text des Hohenheimers glücklich verwahrt.

Alle Begegnungen bekamen aber erst tieferen Sinn, als ich auf der Bannerherrenstube mein Buch über *Die Osterkirche* abschloss und darin berichtet hatte, wie der Überlinger Alamannenherzog Gunzo mit Hilfe der Bischöfe von Augsburg und Speyer erreichen wollte, dass Gallus, der seine Tochter von einer Besessenheit geheilt hatte, das Konstanzer Bischofsamt übernehme. Gallus aber fühlte sich als Fremdling, der er war, nicht dazu berufen. Er gab das geweihte Amt an seinen Rheintaler Schüler Johannes aus Grabs weiter, so dass das johanneische Christentum, das von Ephesus und den koptischen Wüsten herstammt und über die südfranzösischen Inselklöster Lérins zu den Iren und mit ihnen an den Bodensee gekommen war, in die Priesterhände des heimischen Volkes gelegt wurde. Damit schloss sich die römisch-petrinische Überlieferung mit der ephesisch-johanneischen zusammen, und diese Vermählung macht den Glaubensgeist des Seeraums aus.

Johannes hatte sich vor seinem Auftrag in das Konstanzer Stephanskirchlein, das Leutkirche war und ausserhalb der Mauern lag, geflüchtet. Die Stephanskirche, die später zur Kirche der Konstanzer Geschlechter wurde und nah ihrer Herrenstube liegt, ist wohl so alt wie das Aureliakirchlein der römischen Garnison zu Bregenz. Es ist also älter als die Klosterkirche von St. Gallen und die Kirchen der Reichenau. Es hat die ganze Christianisierung des Bodenseeraums miterlebt. Als Kirche der Geschlechter steht es auch in der Mitte meiner *Alamannischen Geschichte,* so dass die *Osterkirche* mit ihr zusammenfindet und ihrem weltlichen Inhalt den gläubigen Geist gibt.

In solchen Gedankengängen höre ich es gern, dass der grosse Staufenkaiser seinen vierjährigen Sohn in Überlingen zum Schwabenherzog machte, dass der Wasserweg von Überlingen nach Wallhausen Reichslehen war, dass ich als Zürcher Zünfter zur Kenntnis nehmen kann, König Albrecht habe im Jahre 1300 den Überlingern das Recht verliehen, «eine Zunft zu haben», und das Wort «Zunft» komme in dieser Urkunde ein erstes Mal vor.

Überlingen lag aber auch an der Jakobsstrasse, die ihre Pilger nach dem Rom ebenbürtigen Santiago geleitete. Auf diesem mittelalterlichen Büsserweg wanderten die Kulturen, vollzogen sich Schicksale. Überlingen besass 1424 eine Jakobsbruderschaft, die den Pilgerzügen Rast und Schutz gewährte. Dem älteren Jakobus und seiner Verehrung danke ich meinen Geschlechtsnamen.

Solcher Art war und ist meine innere Heimat, die ich mir auf jede Weise erwanderte. In der Landschaft nämlich begegnet die Seele der

Augenwelt; Licht, Farbe und Duft erhellen die Geschichte, die darüber hinwegging. In ihr wird der Leib der Erde Geist, das Sichtbare zu ihm hin transparent. In den Umrissen und Grenzen wird der erlebbare Lebensraum zum erlebten Lebensraum. Die sichtbare Form wird deutbar, und das Deutbare ist zugegen, Gegenwart. Nur wenn unser Wesen zur Landschaft in schöpferischen Bezug gerät, wird uns die Landschaft zur Heimat, und Heimat ist nur die so geschaffene Landschaft. Geschaffen und erwandert ist mir das Land um diese Seen zur Heimat geworden, die äussere Heimat in der Antwort zur inneren.

Was ich sage, gilt auch für andere, denn ich habe *Meine Alamannische Geschichte* in der Einsicht geschrieben, dass es mehr zähle, zu wissen, «welchen Geistes wir sind, als welchen Blutes wir uns rühmen». Blättere ich im Verzeichnis jener, denen der Bodensee-Literaturpreis zugesprochen wurde, so sehe ich sie alle in solchem Sinne vereint.

Brüderlich verbunden fühle ich mich mit manchen unter ihnen. Die ersten drei Preisträger mögen für die anderen zeugen.

Mit Wolfram von den Steinen finde ich im Namen Stefan Georges zusammen, verstehe ich die Kunst als kristallisierende Ausstrahlung von einer liturgisch gepflegten Lebensmitte her, verneige ich mich vor dem Homo Caelestis, fühle ich mich all-eingeordnet.

An Friedrich Georg Jünger, den ich in Benno von Wieses *Deutschen Dichtern der Gegenwart* würdigen durfte, bewundere ich die atmende Rhythmik der Verse, die dem Wassergeist so viel verdanken. *Sein* «Weinberghaus» ist *mein* Weinberghaus, und ich stimme mit der Botschaft des Dichters darin überein, dass alle Dogmatik die vollkommene Schöpfung verstellt.

Mit Leopold Ziegler stand ich je im «Lehrgespräch», das zur Zeit des Gegenreichs dem Reich die Treue hielt.

Diese Preisträger, alle anderen, die zu ihnen stiessen, gehören, wie verschieden geartet sie auch seien, einer einzigen geistigen Heimat an, jener, die sie in dieser Landschaft zusammengerufen und sie so als zugehörig empfunden hat.

Stifter und Preisträger haben den Landschaftsbegriff nie allein geographisch verstanden, versicherte Fritz Kraus in seiner Laudatio von 1954. Sie hatten je die geistige Einheit aller als Heimat *über* und *in* dieser Landschaft erkannt und sich auf sie berufen.

So danke ich Ihnen denn, Herr Bürgermeister, Ihnen, verehrte Herren, die Sie mich für diese Ehrung vorgeschlagen haben, danke dem Rat und den Bürgern der alten staufischen Burgstadt, dass Sie mir mit dem Bodensee-Preis ein *sichtbares* Bürgerrecht in meiner inneren Heimat verliehen haben.

Mein erster Verleger

In diesen hochsommerlichen Tagen, die unter so viel sengendem Licht alle Blätter erstarren liessen, ist sechsundachtzigjährig mein erster Verleger, der Hamburger Heinrich Ellermann, gestorben. Der Mann verdient, dass man seiner gedenke.

Ellermann hatte in Giessen bei Karl Viëtor (1892–1951), der sich zu dürftiger Zeit selbst über die Barockliteratur wie über Hölderlin verständig zu äussern wusste, seine Germanistikstudien und viele philosophische Übungen mit solchem Erfolg hinter sich gebracht, dass man von ihm erwartete, er trete der «Wissenschafts-SA» bei, und er tue es um so lieber, als er seine Hochschuljahre als Stehgeiger im Alsterpavillon abzuverdienen hatte. Er aber wurde im Widerspruch nicht Germanist, sondern Verleger, wobei er sich von so tüchtiger Sachlichkeit und von so untäuschbarem Geschmack erwies, dass er seiner glücklichen Ausflucht lebenslang die Treue hielt. Er konnte es bald um so befreiter tun, als ihn seine Gattin, die Tochter des Zürcher «Tages-Anzeiger»-Verlegers Coninx, von jener Mausearmut erlöste, die seine ersten verlegerischen Versuche belastete. Er hatte nämlich 1934 damit begonnen, in der Dürer-Presse seines Vaters, der Drucker war, unter der Überschrift «‹Das Gedicht› Blätter für die Dichtung» eine stolze und edle Folge kleiner Drucke vorzulegen.

Diese ist mir in schönster Erinnerung geblieben, weil sie von Oktoberbeginn ihrer Gründung an acht bis zehn lose Blätter bescheidenen Formats mit einem roten Reihenaufdruck auf biegsamem grauem Halbkarton zu ihren Lesern schickte. Zehn entscheidende Jahre lang begleiteten die stillen Mahner selbst über Länder hinweg etwa zweitausendfünfhundert einverständige Bezüger. Bis zum bösen September 1940 erreichten uns im Jahr zwei Dutzend und von da an nur mehr zwölf solcher Sendungen. Zu ihrem Förderkreis gehörten Manfred Hausmann und der allseits begabte Albrecht Schaeffer (1885 bis 1950). Wolfgang Weyrauch, der damals seine dreissig Jahre kaum überschritten hatte, begrüsste die Hamburger Botschaft inmitten der wachsenden Ängste als ein «Glück». Sie förderte im Blick auf Claudius und Goethe von der Vring, Trakl, die Langgässer, Schröder, Heym, Stadler, Britting, Henry von Heiseler und Wilhelm Lehmann als verlässliche Bürgen.

Unter solchen Autoren erschienen auch

Schweizer wie Werner Zemp (März 1937), dessen Gedichte ich 1943 im Zürcher Atlantis Verlag neben Peter Gan und Albin Zollinger, Siegfried Lang und Hans Schumacher betreuen durfte. Die Hamburger Gedichte Peter Gans wurden – 1925 geschaffen – der unveröffentlichten Sammlung «Römische Confession» entnommen, wenn sie nicht aus dem Berliner Atlantis-Band «Die Windrose» stammten. Werner Zemp, der des Jahrgangs 1912 war, wurde dann 1967 durch Emil Staiger mit einer Werkausgabe geehrt und gleichzeitig durch deren Redaktorin Verena Haefeli ebenfalls im Zürcher Atlantis Verlag auf gegen dreihundert Seiten als Vertreter der «poésie pure» vorgestellt. Georg Ramseger war der Überzeugung, dass alles, was damals Rang und Namen besessen habe, bei Ellermann erschienen sei. Das zeichnet den verlegerischen Wünschelrutengänger aus.

Von aufwühlender Bedeutung war es aber, als Ellermann in seine Gedichtfolgen 1937 Ernst Wiecherts (1887–1950) «Von den treuen Begleitern» aufnahm. Auf eine achtseitige Besinnung folgten vier Gedichte von Claudius, Goethe, Hölderlin und Mörike. Jene bekannte sich im Namen der Menschheit zum Hölderlinwort: «Was bleibt, stiften die Dichter.» Wiecherts Lebensdank galt solchen Helfern. Er pries anstelle des braunen Aufbruchs der Mittelmässigen den rettenden Wert der Stille. Die Rotte wurde verworfen; der richtige Weg in die Einsamkeit war gewiesen. Das gipfelte in dem Satz des Vorworts: «Ein Volk kann seine Könige entthronen und stärker, ja besser werden, aber ein Volk, das die Dichter des Zwecklosen entthront und zu ihnen spricht ‹Geht nun sterben, unnütz seid ihr in unsrer Welt!›, kann wohl mächtiger und reicher werden, aber es hat seine Erstgeburt verkauft, und in seinem Mark ist der Totenwurm der letzten Tage.»

Dieses Verdikt musste verfangen, wie es über Grenzen hin in verhaltenen Beteuerungen einen Orden des geistigen Einverständnisses schuf. Wir, die sich zu den Dichtern der verheissenen Art zählten, wussten uns in diesem unsichtbaren Reich eins. Das Hamburger Bekenntnis zum wahren Menschentum wurde damals rasch überaus berühmt. Der Aufruf zur Verinnerlichung trug Ernst Wiechert 1938 zwei Monate lang die Haft in Buchenwald ein, ehe er an den Zürichsee auszuweichen vermochte.

Mich hat der Name von Rudolf Pannwitz zu Ellermann geführt. Ihm war durch den bibliophilen Literaturförderer Karl Albin Bohacek, der von mir schon 1934 in Halle an der Saale die Gedichte «Die Trilogie Pan» und 1937 die kleine Schrift «Vom Geist der grossen Buchstaben» in zwei unterschiedlichen, neuen Schriftschnitten Herbert Posts vorgestellt hatte, zu Ohren gekommen, dass ich soeben ein Buch über Pannwitz (1881–1969) abgeschlossen hätte. Ellermann, der 1936 durch Zürich reiste, rief mich an und ermunterte mich, ihm meine Arbeit in die Bündner Berge nachzusenden. Schon nach wenigen Tagen erreichte mich der Bescheid, dass er sich gern meines Buches «Rudolf Pannwitz. Eine Darstellung seines Weltbildes» annehme. Dieses erschien denn auch im Jahr 1937, gediegen aufgemacht, auf vierzehn Bogen. Die tätige Zustimmung freute mich um so mehr, als «aus der Handschrift gedruckt» im Oktober 1936 von Pannwitz «Die Trilogie des Paradieses» als erste Folge des dritten Jahrgangs der «Blätter für die Dichtung» erschienen war und im September 1937 die ersten Verwey-Übertragungen von Pannwitz in Druck gehen sollten. Es handelte sich in den «Paradies»-Gedichten um ein Triptychon, das in seinen Stanzen kurz darauf, vom George-Freund Albert Verwey ins Holländische übertragen, die Freundschaft der beiden grossen Dichter besiegeln sollte. Damals kostete das Hamburger Heft zwanzig Pfennige, die «geschmackvolle Sammelmappe» für den Jahrgang anderthalb Reichsmark.

Mir hat Rudolf Pannwitz in einem Geleitwort zu meinem Buch, das nie veröffentlicht worden ist, bestätigt, dass ich das Unterfangen, das ein ganzes Menschenleben beschlage, «umfassend und nicht einseitig noch willkürlich» gemeistert hätte, nur überwiege noch «der vorgang der aufnahme aneignung und selbstgewinnung». Der Lyriker Alfred Mombert (1872–1943), der in der Winterthurer Stätte seiner letzten Zuflucht verstorben ist, hat mich bestärkt: «Das Werk ist in Durchdringung und Darstellung wirklich hochstehend.» Es sei «von dauernder Wichtigkeit». Wäre dem so! Mir erschien diese Briefstelle an Pannwitz vom 22. Dezember 1937 als verpflichtender Zuruf, aber auch als Legitimation des Einsatzes von Heinrich Ellermann.

Beim Wiederlesen nach fünfzig Jahren

Da ich mich zusammen mit Charles Linsmayer beim Basler Sender einzufinden hatte, um die beiden Romane Albin Zollingers – «die Geschichte eines Bildhauers» des Titels «Pfannenstiel» von 1940 und dessen lose Fortsetzung «Bohnenblust oder die Erzieher» von 1942 – aus unserer heutigen Sicht abermals zu würdigen und sie vorzustellen, machte ich mich daran, die knapp vierhundert Seiten, so wie sie sich in der sorgsamen und klugen Werkausgabe von Felix Müller finden, erneut zu lesen. Das Erlebnis war überraschend: Ich las die beiden Werke nach nahezu fünfzig Jahren in einem Zug. Sie besassen für mich einen mitreissenden Sog.

Schon die Selbstbegegnung, die mir widerfuhr, riss Vorhänge von meinen Erinnerungen: Ich hatte völlig vergessen, dass ich im zweiten Roman zweimal auftrete und dass jene Begegnungen mit dem Dichter «Byland» bis in Wortfetzen hinein Tatsachen wiedergeben, die sich, wie ich mich während der Lektüre entsann, so zugetragen hatten.

Nur waren die beiden Romane – besonders der reichere und gerafftere zweite – von grösserem Wert, als mir ihn die Erinnerung zugestanden hatte. Ich mass sie nämlich von den Gesprächen her, die ich mit Albin Zollinger geführt habe und die in einer geplanten Überarbeitung noch vollkommenere Kristallisationen verheissen hatten. Nur in einem Falle war ich enttäuscht. Ich hatte nämlich Zollinger eindrücklich gebeten, den Charakter Bylands zwielichtiger vorzustellen und die inneren Konflikte bis zu Gefährdungen hin fortschreitend zuzuspitzen, damit sich dessen Zufallstod zum Schicksal vertiefe. Das aber war unterblieben; Zollingers Tod verunmöglichte diese letzten künstlerischen Zugriffe.

Ich begegnete mir aber auch das erste Mal in den Anmerkungen und im Nachwort des Herausgebers, die den Leser umsichtig belehren und denen ich – den Tatsachen gemäss – als erhellend zustimme.

Dies gilt vor allem in einem der Fragen würdigen Fall. Wir beide – Martin Hürlimann als Verleger und ich als Verlagslektor – hatten nämlich die heikle Aufgabe zu bewältigen, die nach dem Tode Zollingers wohl mit dem Autor vorbesprochene und einverständig vorgesehene Ausgabe «Bohnenblust» ohne dessen Änderungen zum Druck zu bringen, so dass wir uns entschieden, bei voll gewahrtem Wortlaut acht Kürzungen unseres Vorschlages zu übernehmen. Wir hatten nämlich Zollinger überzeugt, dass er einige auswuchernde Diskussionen, die der Romanhandlung abträglich waren, kürze oder streiche, dass er ferner angesichts der widerwärtigen Zeit allzu aufreizende Anspielungen unterlasse, dass er überdies im Dienste unserer wehrhaften Einigkeit eine völlig unbewältigte Kritik an unseren Behörden streiche und letztlich auch den antisemitischen Ausfall einer Romanfigur tilge.

Wir haben dann unsere Eingriffe in die unvollendete Druckvorlage zuhanden künftiger Generationen Stelle um Stelle in einem Memorandum, das wir am 18. März 1942 unserer Mitarbeiterin Claire Scheuter, uns gemeinsam ergänzend, diktierten, festgehalten. Damit hatten wir uns dem Verdacht ausgesetzt, wir hätten versucht, «anpasserische» Kürzungen zu vertuschen. Wäre dies aber der Fall gewesen, so hätten wir uns nicht ähnlich überzeugt für beide Romane eingesetzt, vielleicht auch den zweiten Roman nicht veröffentlicht oder die Druckvorlagen vernichtet. Gewiss aber hätten wir von einem Memorandum abgesehen. Druckvorlage und Memorandum liegen jedoch wohlgehütet in unserer Zentralbibliothek! Wenn wir aber eine Streichung vornahmen, die den Zürcher Atlantis Verlag allzu vordergründig mit dem Berliner Stammhaus verband, gehorchten wir einem verständlichen Klugheitsgebot.

Die Lage des Atlantis Verlages war überaus schwierig. Martin Hürlimann, der seinen Berliner Verlag unter grossem Einsatz aufgebaut hatte und auf die Auslieferung in Leipzig angewiesen war, hatte in bewundernswert weitsichtiger Vorsorge schon 1936 seinen Zürcher Verlag gegründet und ihn mit dem proklamatorischen Band «Grosse Schweizer» vorgestellt. Er hatte 1939 von der Schweizerischen Landesausstellung den riesigen Auftrag zugesagt erhalten, das offizielle Erinnerungswerk zu schaffen, das er auf eigene Rechnung mit einem umfänglichen Kunstband ergänzte. Dies alles geschah unter gefährdeten Bindungen an Deutschland, die es möglichst spät zu kappen galt.

Unter solchen Voraussetzungen lud der Atlantis Verlag Zürich am 6. März 1941 neben seinen Zürcher Freunden auch die führenden Vertreter des deutschen Generalkonsulates zu einem Vortragsabend von sechs seiner Schweizer Autoren ein, an dem wir den deutschen Gästen mit dem «Lob der deutschen Sprache» den reinen Spiegel eines würdigeren Deutschtums entgegenhielten. Nach dem Verleger sprachen Traugott Vogel, Georg Thürer, Albin Zollinger, Fritz Ernst, Emil Staiger und ich.

In den selben Monaten zitierte mich das deutsche Generalkonsulat unter Hinweis auf unsere «deutsche» Zeitschrift «Atlantis» zu sich, weil die nationalsozialistische Führung beabsichtigte, eine Grossauflage ihres Propagandaorgans «Signal» hierzuland zu drucken. Man erwartete von mir, dass ich die notwendigen Kalkulationen erstelle. Ich ging im Gedanken an den Berliner Verlag auf den Auftrag ein, erarbeitete aber, um den Berner Behörden, die ich verständigt hatte, Zeit zu abwehrenden Vorkehren zu schaffen, an der Stelle einer Rotationskalkulation «irrtümlich» eine zu teure in Bogendruck. Die Zeitschrift ist in der Schweiz nie erschienen!

Unsere Schwierigkeiten mit den deutschen Behörden waren aber auch noch von anderer Art. Diese hatten zu Ungunsten unserer Abonnenten der grossen Atlantisauflage das Papierkontingent katastrophal gekürzt, so dass diese Massnahme wohl vor den deutschen Lesern, nie aber vor den schweizerischen vertreten werden konnte. Wir hatten also allmonatlich die Schweizer Ausgabe um einen eigenen, hinzuzubindenden Teil zu ergänzen. Ein Vergleich der jeweils nebeneinander erscheinenden Ausgaben ist nie vorgenommen worden. Er wäre um des differenzierenden Geschichtsbildes wegen fällig.

Zudem besassen wir in Leipzig sehr grosse Papierlager, denn wir bezogen unsere Papiere für einzelne Druckwerke nie vom Stapel, sondern wir gaben sie immer für eigene Lagerbestände anderer, gleichgearteter Werke in Auftrag. Diese Lager wollten wir, bevor sie der Vernichtung anheimfielen, auflösen, indem wir sie mit hiesigen Aufträgen belegten. Darunter befand sich etwa das ebenso bedeutende wie umfängliche Werk von C. Englert-Faye, «Vom Mythus zur Idee der Schweiz», das 1940 im Zürcher Verlag erschienen ist.

Nicht genug: Einer meiner Zürcher Freunde, der an der Verrechnungsstelle tätig war, hatte uns, die wir gesonnen waren, alles was rettbar bleibe vor der deutschen Niederlage, die wir kommen sahen, über die Grenzen zu schaffen, geraten, wir möchten den Zürcher Verlag für die deutschen Behörden als Zweigstelle bezeichnen und uns die Gehälter und Unkosten von Berlin und Leipzig überweisen lassen. So liefen denn über lange Zeit hin neben anderen Rückerstattungen die Gehälter, also jenes Martin Hürlimanns, seiner Gattin Bettina, die den Kinderbuchverlag betreute, die Löhne auch des Lektors, einzelner Mitarbeiter, des Sekretariates, der Buchhaltung über unsere Verrechnungsstelle, so dass sich der Verlag bedeutender Mittel erfreuen konnte, die der Schweizer Literatur zuflossen.

All dies erschwerte die Lage des Atlantis Verlages jener Jahre sehr. Nie aber hätten wir, Martin Hürlimann und ich, Zugeständnisse gemacht, die unserem Wehrwillen widersprochen hätten.

Bei der späteren Lektüre der Romane Zollingers fiel mir auf, dass die Wortführer ihrer Werte bis in unsere Tage hinein wohl deren Kritik beifällig übernommen haben, nie aber wurde die schweizerische Vision des Dichters ähnlich laut gewürdigt. Wir besitzen die Liebe nicht, die Albin Zollinger in unvergleichlicher Sorge und in persönlichem Einsatz besessen hat! Das aber bliebe zu leisten.

*Das europäische Gespräch
zwischen
Rudolf Pannwitz und Albert Verwey*

Freundschaften über Sprach- und Landesgrenzen hinweg bilden mit der Gemeinschaft, die sie stiften, europäische Kristallisationsherde; sie sind also für die abendländische Zukunft wegweisend. Unter ihnen ist vor vielen andern die Begegnung des Ostdeutschen Pannwitz mit dem Westeuropäer Verwey vorbildlich.

Rudolf Pannwitz wurde 1881 in Crossen an der Oder geboren, und er starb 1969 im Tessiner Astano. Er, der mit dem schöpferischen Georgefreund Karl Wolfskehl (1869–1948) lebenslang verbunden war und der sich 1913 mit den «Dionysischen Tragödien» Nietzsche dichterisch verschrieben hatte, erregte in den späten Jahren des Ersten Weltkrieges die mittätige Bewunderung Hugo von Hofmannsthals. Zeugnis dessen wird 1993 die Veröffentlichung des ebenso umfänglichen wie tiefgründigen Briefwechsels sein, der den grossen Österreicher in neuem Licht vorstellen wird und der gleichzeitig den weithin unbekannt gebliebenen deutschen Partner sichtbar werden lässt. Hofmannsthal schätzte vor allem dessen «Krisis der europäischen Kultur» von 1917 und «Die deutsche Lehre» von 1919. Er erlebte aber seine hilfsbereite Freundschaft in der werdenden Welt von zwei lyrischen Mythen erstaunlichen Umfanges, die heute noch unveröffentlicht in den Beständen des Marbacher Literaturarchivs verwahrt werden: «Die heiligen Gesänge der Hyperboräer» mit 30 000 Hexametern und «Der Dichter und die Blaue Blume» von 60 000 Versen verschiedenster Art. Pannwitz hat seine prosaische Lebensarbeit abschliessend mit drei gewichtigen Werken gekrönt: 1961 mit dem «Aufbau der Natur», 1966 mit dem Buche «Gilgamesch – Sokrates» und 1968 mit dem faustdicken «Werk des Menschen».

Albert Verwey war 1865 – also eine halbe Generation vor Pannwitz – in Amsterdam zur Welt gekommen, und er starb eine Generation vor diesem 1937 in Noordwijk aan Zee. Er, der der literarischen Bewegung der Tachtigers massgebend angehört hatte, war der mitreissende Erneuerer der niederländischen Dichtung, wie dies zur selben Zeit in anderen Sprachräumen Gabriele d'Annunzio (1863–1938), Stéphane Mallarmé (1842–1898), Stefan George (1868 bis 1933), Ottokar Březina (1868–1929) und Vaclav Rolicz-Lieder (1866–1912) waren. Er bildete seine holländische Besinnung wohl in klassischer Bewältigung der romantischen Reichtümer heran, doch war er vorab seinem Landsmann Joost van den Vondel verbunden.

Dieser war 1587 als Sohn von Glaubensflüchtlingen in Köln geboren worden; er trat 1641 zur katholischen Kirche über und starb zweiundneunzigjährig 1679 in Amsterdam. Dessen Werk, das Verwey als Herausgeber betreute, war vorab dramatisch. Es erreichte 1654 im «Luzifer» seine hohe Stufe. Verwey selbst erfüllte sich vorzüglich als Lyriker. Seine dichterische Lebensarbeit liegt auf 2442 Seiten in drei umfänglichen Bänden vor. Sie tragen in einem «erste Deel» und in einem «tweede Deel» die Überschrift «Oorspronkelijk Dichtwerk». Jener reicht von 1882 bis 1914, dieser bis 1937. Beide Bände wurden nach dem Tod des Dichters 1983 von seinem Nachfolger auf dem Lehrstuhl, den Verwey, von seiner Königin berufen, als Verkünder der niederländischen Dichtung innegehabt hatte, um einen Nachlassband von 736 Seiten ergänzt. Dennoch hat Holland nie begriffen, dass Verwey seine üppige Lebenslandschaft unbeschnitten zu bewahren trachtete, so dass Gedichte höchster Stufe und reinster Kristallisation inmitten blühenden Wildwuchses stehn.

Albert Verwey hat schon 1920 in Amsterdam einen Band «Poëzie in Europa, vertaalde Gedichten» vorgelegt, in dem er die deutsche Erneuerung mit sechzehn Gedichten Stefan Georges, neun Gedichten von Karl Wolfskehl und einem von Friedrich Gundolf belegte. Dieser Band von

Übertragungen wurde vom Nachfolger Verweys, C. A. Zaalberg, in jenen Nachlassband mitaufgenommen. Er charakterisiert das europäische Verständnis des Holländers, der sich unter Missverständnissen von Stefan George getrennt hatte, weil dieser während des Ersten Weltkrieges mit finsterem Widerspruch und grossem Leiden zu seinem Deutschtum stand, was Verwey als europäischen Verrat verstehen musste. Die Zeugnisse dazu liegen in dem schmerzlichen Erlebnisbuch «Mijn verhouding tot Stefan George», das 1934 zu Santpoort holländisch und 1936 mit meiner Hilfe in Strassburg deutsch erschienen war, vor.

So waren denn die beiden Briefpartner Albert Verwey und Rudolf Pannwitz bei aller abendländischen Übereinkunft ihrer Ziele von recht unterschiedlicher Art und anderen Unterfangens. Ich habe 1976 «Rudolf Pannwitz und Albert Verwey», die Herausgabe des Briefwechsels anzuregen, diesen im Verlag von Hans Rohr vorgestellt. Damals lagen mir die Briefe von Rudolf Pannwitz in den Ablichtungen der Amsterdamer Universitätsbibliothek, die Briefe Verweys in solchen des Deutschen Literaturarchivs am Schiller-Nationalmuseum Marbach am Neckar vor. Jene hatte mir der Leidener Professor Dr. C. A. Zaalberg vermittelt. Es handelte sich in beiden Konvoluten um insgesamt 82 Briefe, von denen ihrer 48 auf Rudolf Pannwitz entfielen. Sie setzten mit einer Antwort Verweys vom 31. Januar 1921 ein, so dass mindestens eine Zuschrift von Pannwitz verschollen sein musste. Zwei von drei Äusserungen liegen nun nach vierzehn Jahren vor, während der erste Brief vom Mai 1920 nach wie vor unauffindbar bleibt. Die zwei Briefe, die inzwischen in Amsterdam aufgetaucht sind und die vom 6. Januar und 11. Februar 1921 stammen, sind von grösstem Gewicht, wobei der zweite sechsseitige vom holländischen Archiv mit dem Vermerk «Niet compleet» versehen ist. Jener frühe Verwey-Brief vom 31. Januar 1921, von dem ich ausgegangen bin, wird also vorab durch den grossen Brief vom 11. Februar aufschlussreich ergänzt.

Der Fund gelang dem Münchner Wolfgang Hermann bei der Handschriftenabteilung der Universitätsbibliothek Amsterdam, als er sich mit zähem Eifer daran machte, das Leben des Malers Friedrich Mauracher, der in den letzten Kriegsjahren und darüber hinaus Pannwitz begleitet hatte, zu lichten; dieser hatte sich in drei Briefen vom 8. Dezember 1920, vom 20. des selben Monats und in einer Zuschrift vom 23. Januar 1921 an Verwey gewandt, um nach dem ersten Brückenschlag seines Meisters vom Mai 1920 für diesen eine Nothilfe zu erwirken. In der Folge durfte Mauracher eine Antwort

Verweys vom 30. Dezember 1920 entgegennehmen, so dass nun über meine Kenntnis von 1976 hinaus zwei Briefe von Pannwitz an Verwey und einer von Verwey an Mauracher das Verhältnis der beiden Dichter überraschend erhellen.

Der zweite, umfängliche Brief, in dem sich Pannwitz, der in Oberösterreich am Mondsee lebte, an den Holländer wendet, geht davon aus, dass er Verwey wie den Tschechen, die er, von Hugo von Hofmannsthal beraten, aufgesucht hatte, wobei er Tomáš Masaryk (1850–1937) und Ottokar Březina kennenlernen durfte, eine grosse Unmittelbarkeit an «erde» zubilligt, während der Deutsche neben der Möglichkeit zur «erdschöpfung» «vielmehr erdenrest als erde» besitze. Pannwitz sah eine europäische Wiedergeburt vorzüglich als Beitrag der mitteleuropäischen slawischen Völker, und er billigte Holland ähnliche Kräfte zu. Er sah in seinem «Geist der Tschechen» von 1919 den tragfähigen Beitrag zu den bedrängenden abendländischen Aufgaben. Das Buch war unter den Zeitzeichen einer leidenschaftlich erhofften «umbildung Österreich-Ungarns» geschrieben. Pannwitz hatte darin versucht, «das bild der möglichen künftigen kultur eines jungen volkes plastisch darzustellen». Er wollte damit eine «sittliche zukunft» sichtbar machen. In diesem Sinne ging er die «Europäischen Aufsätze» Verweys

an, und diese gaben zur Begegnung Anstoss. Er
war aber darüber hinaus von der Lyrik Verweys
eingenommen, auf die ihn die Übersetzungen
Stefan Georges aufmerksam gemacht hatten und
die er sich mit der Hilfe eines Wörterbuches
vertieft erschliessen wollte. Er war nämlich des
sichern Urteils, dass Georges Übertragungen
«das aus heimatboden erborene melos» verfehlten und dass dessen «edelsteine» die Volksnähe
verrieten, die erst eine neue Klassik ermögliche.
Pannwitz erlebte das «geistige und menschliche element» der «Europäischen Aufsätze» als
«unmittelbar wohltätig». Es handle sich zutiefst
um «die reife des wesens und die freiheit der
anschauung», vorab aber um eine künstlerische
Bewältigung des Gegenstandes, die das «innen
fertige» in «krystallisations-prozessen» nach aussen spiegle. «so ists schon erquickung die perspektive eines andern volkes und seines vertretenen geistes zu geniessen.» Es ging Pannwitz um
das Gespräch Wesensverwandter, das «ideal
eines aesthetisch-ethischen weltverhältnisses».
In solchen Zusammenhängen verweist er den
Holländer auf Jean Pauls «Vorschule der Ästhetik», und er erörtert die «aus der not geborene
weisheit» aller Kultur, die sich für ihn auch in
der «erdgebornen harmonie» der holländischen
Lyrik Verweys ereignete. Er bewundert deren
Gestalt wie ihre «quellkraft und klarheit». Dies

erbaue den Menschen. Dabei schildert Pannwitz seine besondere Lage zwischen den Zeitgenossen und den wirkenden Kulturen. Er verweist auch auf die herrliche Menschlichkeit Christi, die er in seinem Logos-Mythos, der eben in Druck gegangen war, erschlossen hatte. Er erwähnt aber auch seine Arbeit am «Kosmos Atheos», der Gott keineswegs leugne, wenn er alle Hoffnungen dem tätigen Menschen aufbürde. «mein ziel ist: der ganze weg zu einer klassischen welt und einem klassischen menschen.»

In solchen Gedankengängen ergeben sich bedeutende Einsichten. Solche: «Deutschland ist unrettbar. die entsetzliche verbindung seiner metaphysik mit seinen empirischen reihen die nicht als tatsache an sich aber nie als fundament und sublimierung eines massistischen komplexes beispiellos und übrigens eines der interessantesten phänomene überhaupt ist: deren konsequenz gebiert sich schicksalhaft naturhaft immer neu und ein deutscher staat wird wenn nicht Europa vorher sein eigenes gegenteil wird immer wieder dasselbe in gesteigertem grade werden. wie er bisher gewesen. die frage ist nicht die kindliche der schuld sondern die ernsteste der zukunft. Amerika und Sowjet-Russland: deren synthese wird Deutschland ein gasball ob er will oder nicht den erdball sprengend. wir gehen möglichkeiten und zukünften entgegen für die alle maszstäbe fehlen. das wäre herrlich wenn eine religion da wäre. dagegen die deutsche kultur der alten dome Göthes Nietzsches in einzelnen ungebrochen weiterlebt ja wiederersteht und je tragischer die epoche ist desto tiefer sich gründet desto stärker sich anspannt also dass gerade von einem Deutschland das jede politische macht... jede industrielle konkurrenzfähigkeit *verloren* hat das *höchste* und *reinste* an leistung und wert zu erwarten ist. es ist allzu bitter das sagen zu müssen und der andere wird vielleicht günstigstenfalles den lauteren sinn erkennen aber es ist bei uns anders als anderswo: niemandes tendenzen sind wenn sie sich durchsetzen diese weltgefahr weil keiner sie *konsequent* mechanisieren *kann* oder auch nur *will.* wir sind zu stark im urgrunde (unsre schwäche ist unkultur) und solange bis wir nicht beinahe götter sind hat uns der teufel.» Daher müsse der Deutsche dienstbar werden. «könnte er herrschen! da er nichts so wenig wie dieses kann bleibt nur jenes. ein mittleres ist historisch illusorisch. mein ideal wäre wohl auch dergleichen wie föderationen völkerbünde, ich weiss leider dass dies alles zum chaos führt...» «so habe ich wohl ein recht zu erstreben mich und mein werk vor allem in ein wohltätiges klima zu retten...» Wohltätig war für Pannwitz die menschliche Welt Verweys.

Verwey hatte Pannwitz lange nicht geantwortet, weil ihn das Ende seiner Zeitschrift bedrückt hatte und er überdies die Adresse Claudels, die sich Pannwitz gewünscht hatte, nicht beschaffen konnte. Auch erwies er sich stets von besinnlicher, aber schweigender Zurückhaltung. Zwar verehrte er Pannwitz, ja er schätzte ihn überaus, doch blieben seiner erdnahen Art dessen «ideelle Verknüpfungen» fremd.

Von solcher Weitsicht war aber die Keimkraft der Freundschaft, die sich während einer halben Generation ebenso innig wie würdig entfalten sollte und die meine Darstellung des Briefwechsels eindringlich vergegenwärtigt. Dies alles müsste heute unserem Europagespräch als erwägenswert mitgegeben werden!

Freunde und Gäste der Freitagsrunde

Zwar habe ich unsere literarischen Zusammenkünfte, die von 1942 bis 1965 lückenlos und dann bis 1982 weniger streng durchgehalten wurden, in den zwei kleinen Büchern «Die Zürcher Freitagsrunde» und «Zeugnisse zur Freitagsrunde» der Jahre 1975 und 1984 in grossen Zügen geschildert, doch habe ich es unterlassen, die stolze Reihe der Gesprächsteilhaber und Gäste vollständig anzuführen. Erst als die Satellitenredaktion des Schweizer Fernsehens in Zusammenarbeit mit Wien und Berlin eine Sendung über den Geist und das Ende der Kaffeehäuser auszustrahlen plante und mich mit meinen Erinnerungen an das Zürcher «Odeon» einzusetzen gedachte, wurde mir dies zum Anlass, unseren Kreis möglichst vollzählig zu überblicken.

Ich habe 1919, zehnjährig, einmal an der Seite meines Vaters im Wiener «Sacher» gesessen und gestaunt, welche Stösse an Zeitungen er neben einem Kaffee und einem Glas Wasser bewältigte, und während der zwanziger Jahre in unserem hiesigen Wiener Kaffee, dem Zürcher «Feldschlösschen» an der unteren Bahnhofstrasse, unmündig einige Male eine Stunde vertrödelt, so dass ich, als unsere Runde das «Odeon» bezog, in allen Kaffeehausriten überaus gut bestand.

Die Wiener Kaffees der alten Welt hatten, selbst freizügig, wie sie waren, etwas von der Atmosphäre der Londoner Clubs an sich. Sie führten wortlos oder wortreich Gleichgestimmte zusammen und gaben sich männlich, intellektuell und international. Schon der Raum spiegelte dies wider. Er leuchtete inmitten seiner Marmorwände und unter Kristallichtern honigfarben. Marmorn waren auch die kleinen Tische, die von verquirlten Muscheleinschlüssen so belebt waren, dass sie vor steifen Rindlederbänken auch verlegene Meditationen zuliessen. Der langgezogene, aber rechtwinklig gebrochene Raum endete im Nordosten an der Rämistrasse mit einem in die Marmorplatten eingelassenen vierundzwanzigbändigen Lexikon, das des öftern gebraucht wurde.

Der uralte Wiener Kellner Joseph, der die Zuneigung Max Rychners genoss, glitt zwischen den Tischchen durch und balancierte seine blitzenden Tabletts, so wie er es vor Jahrzehnten im kaiserlichen Jahrhundert gelernt hatte. Seine rhythmischen Schwenker waren deshalb vonnöten, weil die leichten Damen, denen das Haus (bewilligt) offenstand, waren sie es satt, das Bellevue und die Torgasse zu umkreisen, an den wenigen Tischen des freien Raums – und nur an ihnen – Platz nehmen durften. Die Tische der Wand entlang waren ihnen versagt.

Dem entsprach, dass auch wir es als ausdrückliches Zugeständnis zweimal zuliessen, dass sich Frauen zu uns setzten. Die erste war Margret Boveri (1900–1975), die Tochter des Würzburger Zoologen Theodor Boveri, die nach ihren Studien als aussenpolitische Redakteurin am «Berliner Tageblatt» und als Auslandkorrespondentin der «Frankfurter Zeitung» das Weltgeschehen am Mittelmeer zwischen Minarett und Bohrturm wie niemand überblickte und die in jenen Jahren dem Fernen Osten verschrieben war. Die zweite, Ruth Schirmer (* 1919), war die Gattin des Bonner Anglisten, die für unseren leitenden Rhetor Walther Meier, der die «Manesse Bibliothek der Weltliteratur» ins Leben gerufen hatte, eben im Begriff stand, «Lancelot und Ginevra» zu übersetzen.

Der Kreis, dem wir angehörten, war durch das Freundespaar Walther Meier (1898–1982) und Max Rychner (1897–1965), den Feuilletonredaktor der Zürcher Tageszeitung «Die Tat» (1939–1977), bestimmt. Rychner war dadurch berühmt geworden, dass er in seiner nachstudentischen Jugend als Redaktor der Zeitschrift «Wissen und Leben» (der späteren «Neuen Schweizer Rundschau») Paul Valéry jenseits der französischen Grenzen bekannt gemacht hatte. Mir aber war es vergönnt gewesen, dass ich im Atlantis Verlag Rychners erste Gedichtsammlung und seinen ersten Essayband betreuen durfte. Als ich, der ich 1939, die «Tat» zu gründen, Max Rychner vom «Bund», der ihn auf die Strasse gestellt hatte, nach Zürich rief und 1942 als Dritter zu Walt und Vult trat, die ihren Geburtstag jeweils am selben Tag begehen konnten, war die Runde bestimmt. Ich war damals Zürcher Gemeinderat, hielt 1945 als dessen Präsident die Friedensrede und war darauf während vielen der vielen Jahre unserer Runde

Nationalrat, so dass ich im Gespräch mehr als Adjutant der Partner als selbst als Beiträger zu wirken hatte.

Um uns, die wir jeweils des Freitags um eine frühe Abendstunde im «Odeon» zusammenfanden, scharten sich bald einige hiesige Zuzüger. Max Eichenberger (1902–1961), der stilistisch mit Wohlgefallen ränkereiche Kunstkritiker der «Tat», der sich in den Pariser Ateliers (gelitten) auskannte, der täglich sein Gedicht schrieb und stets eine besonders knallige Krawatte trug, setzte sich zu uns und schwärmte uns von der noch völlig unbekannten Malerin Helen Dahm die Ohren voll. Emil Staiger (1908–1987), der recht selbstbewusste, aber begeisterungsfähige Goethe-Freund, Zürcher Germanist und eigenwillige Universitätspolitiker, pries uns Meinrad Inglin (1893–1971), den Innerschweizer Dichter von «Ingoldau», der «grauen March» und des «Schweizerspiegels» an, während Robert Faesi (1883–1972), der Frühreife der «Zürcher Idylle» (1908), der sein Leben an unserer Hochschule im Schatten Emil Ermatingers verbracht hatte, an seinem üblen Stumpen zog und alle Buchtitel, die genannt wurden, mit dem kleinen Stummel eines Bleistifts in sein Notizbuch eintrug. Inglin nahm in der Folge an manchen unserer Abende teil, wobei der Gehörbehinderte nur die Hälfte unserer Gespräche verstand, dies dann, wenn wir inmitten unserer Hitze uns seiner bewusst wurden. Der Physiker Fritz Levi verstand es, seiner Zeit vorauseilend, die Ergebnisse der Unstimmigkeitstheorie bis zu ihren erkenntnistheoretischen Folgen darzustellen, während Werner Weber als Feuilletonredaktor und Nachfolger Eduard Korrodis (1885–1955) an der «Neuen Zürcher Zeitung», mit seinem «Blatt» winkend, zu uns stiess. Er hatte darin sein wöchentliches Leseerlebnis unter dem Strich anzukündigen. Vom kleinbürgerlichen St. Gallen her lief allwöchentlich Heinz Helmerking zu uns über. Er hatte sich seine Studien mit dem Porträtieren von Kinderköpfen und genealogischen Arbeiten vorzüglich bäuerlichen Aufbaus ermöglicht. Jura Lunin, ein stämmiger Weissrusse, der seine Fabriken in Stuttgart, Zürich und Neuenburg besass, orientierte uns während vieler Jahre über die moderne russische Literatur, und der Dirigent der Zürcher «Singstudenten», Ernst Hess, den ich nach dem Rücktritt von Antoine-Elisée Cherbuliez meinem bundesrätlichen Freund Karl Kobelt (1891–1966) mit Erfolg an die Spitze der schweizerischen Militärspiele empfehlen konnte, tat mit. Er wurde damit jenseits der Märsche zum Schöpfer einer zeitgerechten Militärmusik. Zuweilen beklagte er auch die Niederlage seiner Singspiele bei den Vorentscheiden unserer Oper; erfreut aber war er immer von seiner Arbeit im

Vorstand der Mozart-Gesellschaft. N. O. Scarpi begleitete uns während aller Jahre mit den witzigen Spenden seiner Anekdotenchratte, die er auch in der «Tat» vorstellte.

Des öftern suchte uns der Katzenfreund, Wille-Biograph und Oberstdivisionär Edgar Schumacher auf. Er sprach mit nicht endendem Lob bei mir zu Hause den «Güetzi» meiner Frau zu. Gast bei uns war auch mehrmals der Danziger Hochkommissar und Freund Hugo von Hofmannsthals, Carl Jakob Burckhardt. Er verstand sich mit Max Rychner und Walther Meier so gut, dass sie des öftern auf dessen welschem Landgut weilten, das von seiner gräflichen Gattin de Reynold sorgsam und umsichtig betreut wurde. Bernard von Brentano (1901–1964), der Bruder des Ministers unter Adenauer, trauerte seinem verlorenen Deutschland nach, dessen Begriff er jeweils an Fontane erläuterte. Er war Thomas Mann, den wir verehrten, überheblich feind. Der junge Verleger Peter Schifferli (1921 bis 1980), der sich eben der «Statischen Gedichte» (1948) Benns angenommen hatte, bedurfte vor und an unserer Runde der Ermunterungen, seinen Verlag weiterzuführen. Werner Bergengruen (1892–1964) trank seinen Cognac, ihrer zwei, drei, vier, und schwieg zumeist hinter seinem silbern beknauften Stock, den er selten, und nur wenn er über seine baltische

Heimat sprach, zur Seite stellte. Später beglückte uns das heitere Sachsentum Peter Bamms, der der erzgescheiten Phänomenologin Hedwig Conrad-Martius anhing und seinen letzten Bestseller vom Verlagslektorat schriftstellerisch ergänzen liess. Des öftern sass damals auch Kurt Pahlen mit dabei.

Als gelegentliche Gäste brachte ich Xaver Alexander Gwerder (1923–1952), den jungen Offsetdrucker und Lyriker, den meisterlichen Freund Rudolf Pannwitz, den wir im Tessin angesiedelt hatten, mit. Einmal wurde Max Rychner vom Zürcher Altphilologen und Indogermanisten Manu Leumann begleitet, während wir an der Seite Walther Meiers den alten Mitbesitzer des Verlags Conzett & Huber besuchten, der sich unter den Schweizer Ringern, die er alljährlich förderte, auskannte. Die Wände seiner geräumigen Wohnung hingen voller Gemälde, die er als Liebhaber erworben hatte und die an Wert des öftern kometenhaft anstiegen.

Besonders lieb war uns der glänzende Leibniz-Kenner Ferdinand Lion, der sich als Redaktor Thomas Manns und an dessen Zeitschrift «Mass und Wert», zu der ich eine Arbeit über William Butler Yeats beigetragen hatte, eine bedeutende kritische Sicherheit anzuzeigen verstand. Er brachte uns den Dramatiker und Romanschriftsteller Joseph Breitbach hinzu, der meine kirchenhistorischen Schriften so überaus genau las, dass er sich auch in sehr langen Telephongesprächen aus London, Paris und München aussprechen musste. Gelegentlich stiess als Vertreter des Marbacher Literaturarchivs Walther Migge zu uns, und der während des Krieges in Holland untergetauchte Wolfgang Frommel brachte es gar fertig, dass wir unseres unbändigen Gelächters (nach Mitternacht) wegen eine saftige Polizeibusse zu berappen hatten.

Doch wurde die Internationalität unserer Runde vorab auch durch die Emigranten, die wir schätzten, bestimmt. Dass sich Walter Mehring, der Berliner Satiriker, zu uns setzte, ist selbstverständlich. Er äusserte sich selten. Mehrmals suchte uns aber auch der spätere ostdeutsche Lyriker Stephan Hermlin auf. Seine ersten Gedichte hatte Walther Meier im Manesse Verlag veröffentlicht. Hans Mayer, der marxistisch gesonnene, später ost- und dann westdeutsche Literaturhistoriker, der sich in Genf der Hilfe Burckhardts erfreuen konnte und der während seiner hiesigen Jahre ohne Arbeitserlaubnis in der «Tat» seine weltpolitischen Arbeiten unterbringen konnte, war ein kluger Teilnehmer an unseren Gesprächen.

Durchreisende wussten um unsere Einrichtung und unsere Gastfreundschaft Bescheid. Sie wurden allemal zum Nachtessen entführt, das wir des Sommers über Land, des Winters aber bei De Boni, im «Lindenhofkeller», im Restaurant Orsini oder im «Vorderen Sternen» einnahmen. So verteidigte Rudolf Alexander Schröder mir gegenüber, der ich Wielands «Oberon» liebte, seinen «Geron den Adeligen» als überlegen. Wilhelm Lehmann, dessen Werke bei Walther Meier erschienen, wirkte stets wie ein grämlicher Oberlehrer auf uns, und Hans Egon Holthusen hatte den Herausforderungen Max Rychners gegenüber seine Rilke-Liebe zäh zu verteidigen. Rudolf Pechel, der unbestechliche Mecklenburger, der seine «Deutsche Rundschau» nach Kräften durchgehalten hatte und der in Stuttgart lebte, fühlte sich zur gleichen Zeit, als der Goethe-Herausgeber des Artemis Verlags, Ernst Beutler, zu uns stiess, der ebenfalls der achtziger Generation angehörte und Herr des «Freien Deutschen Hochstifts» war, in unseren Gesprächen recht wohl. Dagegen wirkte Ernst Robert Curtius, der Bonner Romanist von Rang, dem Max Rychner treu ergeben war, bald aufgeschreckt, bald niedergeschlagen. Zu ihnen gesellten sich der Stuttgarter Bibliothekschef Wilhelm Hoffmann und der Übersetzer aus dem Persischen, Rudolf Gelpke, der mich gar zu einem LSD-Ausflug zu bewegen vermochte. Max Rychner liebte auf seine leuchtende Art den jungen Cyrus Atabay, der sich auf seine Verwandtschaft mit dem Schah berief und die ersten deutschen Gedichte entwarf. Ich selbst war Bernt von Heiseler (1907–1969), dem Sohn des George-Freundes Henry von Heiseler, der die «Irische Schaubühne» von Yeats mustergültig übersetzt hatte, verpflichtet, wenn ich auch von seinen Nazigedichten der frühen Jahre Kenntnis hatte und mir des öftern anhörte, dass der Herangewachsene seinen Fehlgriff lebenslang bedauerte.

Zwei unserer befreundeten Gäste gaben unserer Runde einen besonderen Ton: Jean-Paul de Dadelsen, der sich im Namen des französischen Widerstands als englischer Fallschirmspringer einsetzen liess und den Max Rychner nach dessen Tod 1957 in Zürich in einem seiner letzten Bänden mit zartem Stichel vorstellen sollte. Etliche Male sass auch der deutsche Legationsrat des Auswärtigen Amtes, Adam Trott zu Solz, an unserem Tisch. Er war zuweilen unterwegs, Beziehungen mit den Vereinigten Staaten aufzunehmen. Er wurde 1944 hingerichtet.

Unsere Freitagsrunde hatte eine grossartige Schicksalspalette! Ich lebe unter ihrem Eindruck.

Zeitgeschichte in Widmungen

Viele Widmungen, die Bücher auszeichnen, besitzen anekdotischen Charakter, andere würdigen Art und Tiefe einer menschlichen Gemeinschaft; immer aber nutzen sie eine besondere Gelegenheit, nach Fristen ihr Anliegen in besinnliche Erinnerung zu rufen. Sie reden den Eigner an und geben ihm Anlass, rührend oder auch schalkhaft des Spenders zu gedenken.

Nicht ohne Ironie wurde ich Herr eines schmalen Buches, das Europa aus der Sicht von Byzantinern des 15. Jahrhunderts vorzustellen versprach. Es ist 1954 in Graz, Wien und Köln erschienen und reicht vom Geschichtswerk des Laonikos Chalkokondyles (1424–1511), der als griechischer Humanist in Italien lehrte, über die Nordlandreise des Laskaris Kananos, Briefe des Manuel Chrysoloras zum Reisebericht eines unbekannten Russen, der das Abendland um die Mitte des 15. Jahrhunderts erlebt hat.

Das Buch kam so in meine Hände: Ich blätterte 1970 nachdenklich in meiner «Osterkirche», die ich eben von meinem Stuttgarter Verlag erhalten hatte, und trank dazu in einer kleinen Zürcher Fischstube ein Glas Wein, eh ich inne wurde, dass sich am Nebentisch Friedrich Dürrenmatt mit einem höheren Beamten ratschlagend, aber ausfällig, über unser städtisches Oberhaupt ausliess. Vernehmlich; ich war mit dabei. Als ich ging, überreichte ich dem kämpferischen Dichter mein neues Buch, versicherte ihn meiner Verschwiegenheit und riet ihm zu grösserer Vorsicht. Wenige Tage später erhielt ich aus Neuchâtel als Gegengabe das Zeugnis aus der «byzantinischen Bibliothek» Dürrenmatts: den 200seitigen Band, der den Namen des Schenkers trug und trägt.

Damals war ich schon seit dem Goethe-Jahr 1932, also beinah ein Menschenalter lang, mit dem überragenden, aber noch wenig gewürdigten deutschen Dichter und Philosophen Rudolf Pannwitz, der ein Jahr zuvor verstorben war, innig verbunden, und ich werde den Freund 1993 anlässlich der Herausgabe seines umfänglichen und bestürzenden Briefwechsels mit Hugo von Hofmannsthal abermals eingehend darstellen. Ihm mehr Leser zuzuführen, hatte ich 1938, begleitet von Robert Faesi und unterstützt vom Zürcher Gegenspieler Carl Gustav Jungs, dem Psychosynthetiker Hans Trüb, einen handlichen Band des Titels «Lebenshilfe» veröffentlicht, der klärende und ermunternde Worte aus dem Werk, vorab aber aus Briefen an viele bestärkte Empfänger enthielt. Ein erstes Exemplar des Buches versah Rudolf Pannwitz «in freundschaft und dankbarkeit» mit dem Widmungsgedicht:

Geheime lade drin aion
Das kindlein schlaf bezwingt.
Geöffnet aber – steigt ein tron
Empor und hebt den neuen sohn.
Dank an die treue die mitringt
Taut memnons morgen und erklingt.

Zu jener frühen Zeit arbeitete ich unter dem Berliner Verleger aus der Zürcher Enge, Martin Hürlimann, 1940 als Hersteller an der Gesamtausstattung und der Bildredaktion des an die 1000seitigen, dreibändigen und grossformatigen Erinnerungswerkes der Landesausstellung 1939. Der stolze Verleger liess von dem Werk zuhanden seiner Freunde zehn Exemplare auf gewichtigere Papiere drucken, die er unter einer eigenen Goldvignette in je drei Ganzlederbänden zusammenfassen liess. Eines der Werke erhielt ich als «Freund und Mitarbeiter» zu Weihnachten 1940, wobei der persönliche Eindruck handschriftlich unterzeichnet war.

Damals war ich schon Max Rychner, dem Lyriker und Essayisten, der 1961 den Literaturpreis der Stadt Zürich erhalten sollte, innig verpflichtet. Ich wurde von ihm, der die literarischen Spalten des Berner «Bundes» betreute, während der späten dreissiger Jahre gefördert, und ich liess ihn 1939 zur Gründung der «Tat» Gottlieb Duttweilers nach Zürich rufen. Von ihm hatte ich als Lektor des Atlantis Verlages den ersten Gedichtband «Freundeswort» von 1941 im Entscheid, und ich überwachte den Druck des frühen Essaybandes «Zur Europäischen Literatur zwischen zwei Weltkriegen». Jenen widmete mir Max Rychner 1945 mit der Anrede: «Lieber Erwin – die Seite 64 soll es sagen! Möge es so sein und bleiben! Tibi corde.» Die genannte Seite bot die Strophen 25 bis 28 des Gedichts «Hoch in den Tag», die mit dem Vers

«Du!» O erlösend freier Menschenruf
anhebt. Die Widmung des Essaybandes aber pries nach Goethes Farbenlehre Vernunft und Gewissen in ihrer Unergründlichkeit als Autorität und war mir, der ich inzwischen Chefredaktor der «Tat» geworden war, als dem «lieben Chef» «herzlich» zugeeignet.

Mit grosser Freude habe ich im Februar 1947 Max Rychners Band der «Four Quartets» by T. S. Eliot, der «Burnt Norton» aus dem Jahre 1936, «East Coker» von 1940, «The dry Salvages» von 1941 und «Little Gidding» von 1943 enthielt, entgegengenommen. Ich empfing dabei als «dear boss» auf den 44 Seiten der Ausgabe um die 100 Bleistiftvermerke in Kurrentschrift oder in Stenographie, die viele Fragen der Verse klärend begleiteten.

Zehn Jahre später – 1957 – überreichte mir Max Rychner seine neuen Aufsätze zur Literatur, deren Titelessay «Arachne» mir gewidmet ist, mit der Zeile «... feret haec aliquam tibi fama salutem».

Diese stolze Folge wurde kurz nach dem Tode des Freundes 1965 zu meinem Geburtstag durch ein Geschenk der Witwe aus Rychners Bibliothek würdig geschlossen. Sie übergab mir Thomas Carlyles «Leben Schillers», das, von Goethe eingeleitet, 1830 in Frankfurt am Main erschienen ist. Das Buch enthält auf seinem Vorsatzblatt folgende Eintragung:

«This Book is from the Library of the Great Goethe.

Given by Mad^{me} de Göthe to Henry Reeve, September 1833.»

Es liegt ihm, das auf der Gegenseite das kupfergestochene Wappen Reeves zeigt, eine Eintrittskarte zu den gesellschaftlichen Unterhaltungen des «Frohsinns» für den Monat November 1832 bei und gibt dem «gentilhomme» Reeve unterschrieben alle Rechte.

Der Bonner Anglist Walter F. Schirmer hat am 29. August 1971 – zu Goethes Geburtstag also – in der «Neuen Zürcher Zeitung» auf sechs Spalten «Goethes englische Gäste» gewürdigt, Reeve jedoch nicht erwähnt, ihn aber am 28. Oktober evoziert. Er, der von der Deutschlandreise Reeves nichts gewusst hat, stellte damals brieflich fest, dass dieser auf der «Academy of Geneva, Switzerland» erzogen worden war und dass er später – 1855 – als Herausgeber der «Edinburgh Review» wirkte. Er wusste überdies, dass er Tocquevilles «L'ancien régime et la révolution» von 1856 übersetzt hat.

Am 2. August 1973 ergänzte Schirmer seinen ersten Befund: «Henry Reeve (1813–1898) sohn eines angesehenen arztes gleichen namens war ein homme de lettres kosmopolitanischer bildung. nach abschluss seiner schulerziehung in England und in Genf lernte er, 1831 nach England zurückgekehrt, namhafte schriftsteller kennen, darunter *Thomas Carlyle*. 1832 wurde er in Paris Victor Hugo vorgestellt. (anschliessend wird er nach Weimar gereist sein.) Nach einer Italienreise liess er sich in München nieder, hörte vorlesungen von Schelling und verkehrte in hofkreisen. ab 1834 war er redaktor der ‹British and Foreign Quarterly Review›. 1840 bis 1855 gehörte er zum herausgeberstab der ‹Times› und leitete deren auswärtige politik. 1855 bis 1895 war er herausgeber der berühmten ‹Edinburgh Review›. (nachfolge von Henry Lewes [George Henry Lewes 1817–1878, Theaterkritiker, Romane. E.J.], dem Goethebiographen und Lebensgefährten von George Eliot.) er hatte manche ehrenämter inne und war mit vielen autoren vieler länder bekannt, besonders mit franzosen, darunter Lamartine, de Vigny, de

Tocqueville. er übersetzte neben Tocquevilles ‹Democracy in America› (1835–40); sein hauptwerk ist ‹Royal and Republicican France› (1872).

Im postscriptum eines briefs von Thomas Carlyle an den Goethefreund Eckermann vom 27. Juli 1832 heisst es: ‹I gave a young Englishman, Henry Reeve, a card to you; whom you doubtless will receive without unwillingness, and treat as you find possible and suitable. I reckoned him a worthy youth, and *know* his friends to be worthy.›

Antwort Eckermanns an Carlyle 20. oktober 1832: ‹Mr. Reeve ist zwey Tage hier gewesen.› (Goethe Jb. 24 [1903] Aufsatz: ‹Carlyle und Eckermann› von E. Flügel, S. 4–39.)

Vermutlich hat Eckermann die bekanntschaft des 19jährigen Reeve mit Ottilie von Goethe vermittelt. Vgl. Ottilies Tagebuch 21. September 1832. ‹Mr. Reeves (sic) kam und wir hatten die lebhafteste Unterhaltung, dann Lützerode, der als Gesandter nach Petersburg geht; als Lützerode fort war, las mir Reeves ein schönes Gedicht vor, was mich an den ancient mariner (von Coleridge) erinnerte; die Cholera, die auf einem Schiff haust. Er gestand, dass er es gemacht. Dann zur Mutter... – dann badete ich, und dann kam Regierungsräthin Vogt mit ihren beiden Töchtern und 2 Fräulein Bouterweck, Töchter des Ästhetikers, dann Reeve (sic) und Lützerode und der Kanzler, um Abschied zu nehmen. Ich spielte mit Reeve écarté, gewann Tinsen (so, glaube ich, heisst es) und verlohr Carleyle. Sie gingen alle und ich hielt Reeve noch zurück, theils weil es mich wie den Kindern graute vor den trüben Gespenstern meiner Brust, die mir in der Einsamkeit erscheinen, theils auch weil ich wollte, er solle bis *nach* 10 Uhr bleiben, da ich, solange ich mich als Sterlings Geliebte betrachte, sein Gebot immer befolgt hatte. Er blieb bis ¼ auf 12.›

(Schriften der Goethe Gesellschaft 28. Aus Ottilie von Goethes Nachlass. Weimar 1913, S. 375)

weitere beziehungen Reeves mit Carlyle bestanden nicht. briefe von Ottilie an Reeve oder umgekehrt konnte ich nicht aufspüren; sie sind auch nicht wahrscheinlich, da Ottiliens freundschaften andere wege gingen (vgl. den aufsatz meiner frau in der NZZ).»

Die «Frankfurter Allgemeine Zeitung» vom 6. April 1974 hat überdies unter dem Titel «Ich machte Herrn Humboldt meine Aufwartung», von Henning Schlüter übertragen, einen Auszug aus den Notizen des Arztes Henry Reeve (1780–1814) vorgelegt. Es handelte sich um Aufzeichnungen des 1806 fünfundzwanzigjährigen Vaters des Weimarer Reeve, der von Wien über Dresden nach Berlin reiste und dabei sein Reisejournal führte.

Nach dem Eintrag von Henry Reeve in der Schiller-Biographie findet sich in dem Buch von der Hand Rychners der Vermerk: «Dieses Buch aus der Bibliothek Thomas Mann wurde mir von Frau Katja Mann zum 8. April 1957 geschenkt.» Damals feierte Max Rychner seinen 60. Geburtstag.

Diesen Satz habe ich ergänzt: «Der Band ging zum 12. August 1965 als Gabe von Elly Rychner aus dem Nachlass Max Rychners an Erwin Jaeckle über.»

Wenige Jahre zuvor hatten wir auf die Bitte von Jenny Faesi, der Gattin, Robert Faesi, meinen Zürcher Hochschullehrer für neuere deutsche Literatur, in unsere «Freitagsrunde» aufgenommen. Auch ihn hatte ich dem Atlantis Verlag zugeführt, wobei ich vorab dessen Zürcher Romane förderte und deren Druck überwachte. Deshalb versah denn «Roy» die überarbeitete Neuauflage von 1967 mit dem Vermerk: «Seinem lieben Freund... in dankbarer Erinnerung an seine Hebammendienste bei dieser Trilogie im Atlantisverlag getreulich...»

Faesi hatte von dem kerzensüchtigen d'Annunziogünstling des schottisch klingenden

Pseudonyms Alastair, der als Dichter, der er war, auch Romane aus verschiedenen Sprachen ins Deutsche übersetzte und der von Hofgeschichten, mittelalterlichen Ordensgemeinschaften und Heiligenleben esoterische Kenntnisse besass, die er als Gast seinen Freunden andeutete, «The secret Rose» von William Butler Yeats in einer seltenen illustrierten Ausgabe des Jahres 1897, die in London erschienen war, erhalten. Die Freunde gaben den Band an mich weiter, weil ich die «Irische Schaubühne» auf Grund der bewunderungswürdigen Übersetzung Henry von Heiselers, deren Typoskript mir sein Sohn Bernt überlassen hatte, in «Mass und Wert», der Zeitschrift Thomas Manns, besprach. Sie versahen ihn mit dem Eintrag: «Jaeckle, nämlich unsern Freund Erwin, den Kenner und Schätzer von W. B. Yeats, der dieses Buches würdiger ist als wir und vor Urzeiten Alastair bei uns kennenlernte, weitergeschenkt im Neugut Wädenswil 1970 von seinen Robert und Jenny Faesi.»

Dass mich zuvor schon, 1967, Emil Staiger, den ich im «Zürcher Literaturschock» verteidigt hatte, in seiner Schiller-Biographie zum «Freund und tapfern Waffengefährten» ernennt, kann im Blick auf jene zündenden Jahre nicht verwundern.

Auch von Karl Wolfskehl (1869–1948) besitze ich bemerkenswerte Widmungen. So jene des

Stefan George zugedachten Bandes der «Gesammelten Dichtungen» von 1903; er ging im Juli 1913 an Karl Gustav Vollmoeller (1878–1948), der vorab durch die 1914 von Max Reinhardt inszenierte Berliner Pantomime «Das Mirakel» bekannt werden sollte. Erschütternd aber wirkt heute noch Wolfskehls Widmung der Gedichte «Der Umkreis» von 1927 an Margarete Susman: «Meiner Schwester, Meiner Schwester».

Der beinah Blinde schrieb sie mit breitem Bläuel und übergross auf die Vorsatzseite des Buches. Der Band wurde mir 1966 vom Sohn der eben verstorbenen Dichterin (1874–1966), Erwin von Bendemann, im Februar des Todesjahres überreicht, weil ich seine Mutter des öfteren besucht hatte und dabei nie verfehlte, ihr ein grosses Stück Lindenblütenseife mitzubringen. Sie liebte den Lindenduft überaus, konnte aber zu ihrem Schmerz des Alters wegen die im Blust stehenden Bäume der Zürcher Bahnhofstrasse und des Hottingerplatzes nicht mehr aufsuchen.

Die Widmungen aber, die mir die grosse Schweizer Dichterin Erika Burkart in ihre Bücher schrieb, sind von besonders nachdenklicher Art. Sie stiften nach frühen und kargeren Anschriften in den späten Bänden ein Gespräch, das nie geführt wurde, das jedoch stets zugegen ist, weil am Ende der Welt der Hirten König wohnt und die erste «Verehrung und Dankbarkeit» in die beredte «Schweigeminute» von 1988 übergegangen ist.

An der Seite dieser Freunde pflegte Hubertus Friedrich Prinz zu Löwenstein die Verständigung mit mir «im gemeinsamen Glauben an eine in Freiheit geordnete Menschheit», wobei Dantes «Monarchia» und der überragende Staufenkaiser leitend blieben. Die frühe Ausgabe seiner «Deutschen Geschichte» von 1978 erinnerte sich vorab der «übernationalen Reichsidee... aus eidgenössischem Erbe», und das Buch über Traianus von 1981 gedachte freundschaftlich unserer «Jahrzehnte langen Verbundenheit».

Von seltsamer Konstellation ist die Doppelwidmung der Rechenschaft von Albert Hofmann: «LSD – mein Sorgenkind» von 1979, in der sich der Autor mit mir als dem «Doppelgänger auf wissenschaftlichem und mystischem Pfad geistig verbunden» erklärt, während mich auf der Gegenseite Ernst Jünger mit einem heraklitischen Götteranruf als «Waldgänger» grüsst. Das Schicksal dieses Bandes war verwirrend. Er kam uns mit halber Widmung im Basler «Löwenzorn», wo wir im Namen des Verlages das Werk vorgestellt hatten, abhanden und musste neu beschafft werden.

Die Beispiele dieser Widmungen erhellen

über den besonderen Anlass hinaus ihre Zeitgeschichte. Sie mögen deshalb hier stehn.

Die «Tat» nach Kriegsende

Auch die Fülle der Erinnerungen gehört zur Alltagsgegenwart des Alters.

Welchen Weg wies ich meine Tageszeitung in der Deutschlandfrage nach Kriegsende?

Damals vertrat man allgemein das harte Urteil des amerikanischen Verdikts, war kriegsmüde und nicht ohne Selbstgerechtigkeit bereit, dem deutschen Volk die «Globalschuld» aufzubürden. Ich trat begründend und in der Tat für einen unterscheidenden Gerichtstag ein. Dies, um mich der Rechte zu versichern, die auch in Deutschland künftig die dereinst notwendige europäische Zusammenarbeit der Völker fördern würde.

Das begann vielleicht damit, dass ich im Februar 1944 auf die Warnungen von J. M. Keynes, der als Vertreter des englischen Schatzkanzlers beim obersten Wirtschaftsrat der Pariser Konferenz 1919 angesichts seiner Zukunftsahnungen alle Ämter enttäuscht niedergelegt hatte, hinwies und des Glaubens war, dass es darum gehe, die künftigen Friedensverträge den bösen Folgen des Völkerbundversagens zu entziehn. Sicher aber setzte meine Arbeit im Februar 1945 ein, als die Zürcher Linke mit guten Gründen zum Aufstand gegen ein Konzert Wilhelm Furtwänglers aufrief und ich – auch als Gemeinderatspräsident, der ich damals war – die Störung als zu ungewichtigen Anlass zur Bereinigung des deutsch-schweizerischen Verhältnisses verwarf.

Ich hielt im Juli 1945 dafür, dass mit der deutschen Frage die europäische gestellt und damit die andere der Weltsicherheit aufgeworfen sei. «Der Nationalsozialismus war das deutsche Verbrechen unter europäischer Mitschuld», vertrat ich überzeugt und dachte an die hilfsbereite Begrenzung und das Gewissen der leidenschaftlichen Machtansprüche.

Dies alles zu bekräftigen, beauftragte ich Max Rychner im September 1944, als die Amerikaner den Rhein überschritten hatten, eine literarische Rhein-Beilage zu schaffen, die den Geist des Schicksalsstromes vergegenwärtige. Ich hielt das kritische Selbstgespräch der Deutschen, das bis zum Attentat hin in Jüngers Friedensschrift wach geblieben war, trotz der ungeheuerlichen Greuel und aller Schuld für zukunftsträchtig. In der Jahresbilanz 1945 wies ich nachdrücklich darauf hin, dass Europa das Vorrecht zu verwalten habe, der Sowjetunion und Amerika vorbildlich gerecht zu werden.

In solcher Gesinnung sprach ich im September 1946 Churchill bei seiner Zürcher Einkehr mittels der Tageszeitung englisch und deutsch an. Ich forderte ihn bei seiner Ankunft auf, weithin sichtbar für das Werk einer europäischen Staatengemeinschaft einzutreten. Er tat es. Gewiss nicht meinetwegen! Die Stunde war reif.

Es war aber auch noch die üble Zeit der grossen Raubzüge gegen deutsche Patente, gegen die kleinen Mitläufer, die erschrockenen Zeichner von Winterspenden während des Dritten Reichs, die man bei ihrem Fall beerben konnte. Gelang es, sie auszuweisen, so wurden oft Stellen Tüchtiger frei. Das geldgierige Gespenst der «Säuberung» ging um. Wir lebten auch hierzuland in den Tagen der hämischen Eiferer und der Nachlassspekulanten. Die Säuberungen arbeiteten mit hinterhältigen Verdächtigungen und erhoben Ansprüche auf Kosten Wegzuweisender. Man verfuhr wenig wählerisch, fiel neben dem Schuhfabrikanten den kleinen, greisen Tonhallediener, aber auch etwa Bernard von Brentano an. Wir traten der Seuche am Beispiel entgegen.

Anlässlich des ersten Internationalen Pressetags in Coburg während des Septembers 1947 baute ich in der Verständigung mit dem Berliner «Tagesspiegel», den «Nürnberger Nachrichten» und dem «Münchner Merkur» zugunsten einer unbeschnittenen Pressefreiheit ein sonderbares Pressenetz für Deutschland und gegen die mangelnde Einsicht der Besatzungsmächte auf. In Berlin war es Erik Reger (1893–1954), der grosse Publizist und Erzähler, der mittat, in Nürnberg Joseph Drexel (1896–1976), der mit seinen Gefängnisgedichten hervorgetreten war, in München Felix Buttersack. Immer wenn sie vor verbotenen Meldungen standen, gaben sie mir diese telephonisch durch; ich veröffentlichte sie ohne Verzug, und gingen sie in die Presse, meldete ich ihr Erscheinen den Betroffenen. Nachrichten, die im Ausland verbreitet wurden, liessen die Überwachungsoffiziere der Lizenzpresse nämlich zu.

Dies und die Tatsache, dass alle deutschen Sender unser Blatt täglich zitierten, gab ihm einen grossen Ruf. Ich wollte ihn nutzen und aus den Kommentarseiten unserer vorzüglichen Auslandkorrespondenten mitsamt dem tagesunabhängigen Zeitungsteil eine Fernausgabe schaffen. Die Verwaltung verweigerte mir die Gefolgschaft. Erst Jahre später – zu spät! – verwirklichte ich den Plan ohne jede Propaganda insgeheim. Doch war die gute Stunde verfehlt. Ich stellte den Druck dieses zweiten Blattes nach einem Jahr ein.

Im Juni 1949 stellten wir eine Beilage «Deutschland–Frankreich» vor, die das Ende des nationalstaatlichen Denkens forderte. Ich veröffentlichte gegen alle Anwürfe den grossartigen Jugendroman des Nationalsozialisten Jakob Schaffner, begründete eine 1948 eingereichte Interpellation im Nationalrat, die im Hinblick auf die Holzkahlschläge in Süddeutschland von der Eidgenossenschaft forderte, dass sie ihre Holzeinkäufe im Dienste einer weitblickenden Waldwirtschaft kulturellen und politischen Gesichtspunkten von Weitblick unterstelle. Diese Haltung vertraten wir 1950 in einer Deutschland-Nummer.

Wir gingen diesen Weg überzeugt und alltäglich. Unser Massstab war europäisch. Man sollte eines Tages die Geschichte unserer Tageszeitung schreiben.

Zur Zukunftsforschung

Wer Robert Jungks (* 1913) Thesen zur Zukunftsforschung auszumessen versucht, muss sich seines Urmeters versichern und versuchsweise einige Vorfragen klären. Eine erste: Lässt sich die *Vergangenheit* erforschen? Liess sie sich erforschen? Welchen Rang hat die Geschichte? Fördert sie Gesetze ihres Ablaufs zutage?

Die Geschichte will das Werk des Menschen, also seine Taten und Untaten, als Sachverhalte der Vergangenheit *darstellen* und *deuten*. Wie tut sie es? Mit Hilfe lückenhafter, launischer Quellen und dem Werkzeug eines voreingenommenen Verstandes. Der eine huldigt dem Verfallsglauben, trauert einem Goldenen Zeitalter nach, springt – wie es Gerhard Nebel tut – von des Tigers Rücken. Geschichte vollziehe sich in Zyklen, glaubt der zweite. Grossartig hat es Kurt Breysig in seiner Weltgeschichte getan, Oswald Spengler in seiner abendländischen Kritik, Arnold J. Toynbee, Frederik Adama van Scheltema in seinem Buch *Die geistige Wiederholung*, das 1937 erschienen ist, und etwa noch Alfons Rosenberg in seiner Weltzeitalterlehre. Dritte huldigen einem recht munteren Zukunftsglauben: die Utopisten seit Campanella und Bacon wie der zugkräftige Sozialismus.

Was ist von all dem wahr? Wird die Welt elend? Springt sie auf Sterne? Dreht sie sich in Wiederkünften? Mir scheint, dass wir über die Geschichts*klitterung* nicht hinauskommen, dass diese unser Schicksal ist. Geschichte ist eine unsichere Wissenschaft. Die Quellenverderbnis und die Zufälligkeit der Überlieferung begegnet der voreingenommenen Schulmeisterei.

So ausgerüstet gehen wir die *Gegenwart* an. Da wir nie aus der Geschichte zu lernen verstanden, übertragen wir das Unverstandene auf das Unverständliche. Wir haben nie aus der

Geschichte gelernt, weil wir uns mit ihr betrogen. Die völlig irrsinnige Gegenwart dürfte mir recht geben. Die unverstandene Geschichte begegnet unserem Unverstand zu allem recht ohnmächtig: in Vietnam, dem Nahen Osten, in fliegenden Untertassen, die das Geld aus dem Beutel der Gläubigen fegen, den Rassenfronten.

Unsere Fragen an die Vergangenheit und die Gegenwart sind nach all dem kaum erhellter als Orakelsprüche, Horoskope, Eingeweideschau, Kaffeesatzdeutungen. Es sind Vermutungen, Hypothesen über Sachverhalte, die es so nicht gibt, und dies aufgrund ungesicherter Sachverhalte. Wir projizieren unsere Befürchtungen und Wünsche in die Zukunft und machen uns in der Eichhörnchenmühle daran, diese zu erjagen. Wir lesen aus Statistik, Kybernetik, Computer, Spieltheorien – was nicht eintrifft. Dass es nicht eintrifft, könnten uns viele Studien der Vereinten Nationen lehren, deren Voraussage sich nach wenigen Jahren als falsch erwiesen hat. Unsere besten Lehrmeister müssten die Streptokokken sein, die kicherten, als Sir Fleming den Nobelpreis empfing. Sie waren nämlich vor seinem Penicillin schon ausgekniffen.

Bei all dem glauben die Evolutionsforscher, die Entwicklung liege in unserer Hand. Das heisst: Gott weiss heute nichts mehr, weil die Menschen alles wissen. Alles zwischen der genialen Marssonde und den Gifthalluzinationen. Selbstverständlich, dass eine ernste Besorgnis um Planung wirbt, dass man Genkombinationen begünstigen, soziale Selektionsprozesse lenken will. Wer aber lehrt uns, die wir Geschichte klittern und die Gegenwart nicht meistern, welches Erbgut wertvoll ist? Über *Werte* lagen wir uns je in den Haaren, und die Manipulation der Gene dürfte ein anderes Paradies anpeilen, als wir es erstreben.

Wissen wir denn, wie unsere zerebralen Funktionen sich ändern? Wissen wir, ob unser Nervenverbrauch standhält? Entgehn wir allen künftigen Conterganen? Haben wir überhaupt von den Zeiträumen, die biologische Transformationen benötigen, eine Ahnung? Meistern wir Fernes, wir, die das Nächste verfehlen? Können wir den künftigen Menschen sichern, wenn sich die armen und die reichen Völker heute zunehmend fremder werden, jene verhungern, diese von Vergnügungsindustrien seelisch ausgebalgt werden? Wie kann man sich die planende Intelligenz erhalten, wenn man in Alltag und Erwerb der schwächeren Intelligenz mit dem Einkommen den Vortritt lässt? Da haben die Science-fiction-Autoren mit ihrer Phantasie bedeutendere Aufgaben als die elektronischen Rechenmaschinen. Sie haben den Kybernetikern eine wesentliche Einsicht voraus: Sie wissen, dass unser *Begriff* von der Natur nicht die *Natur* ist, und sie billigen der Zukunft Einfälle, Teufelei, Genie zu.

Zusammengefasst: Es gibt keine Zukunftsforschung, solange wir die Namen unserer Grossmütter nicht mehr kennen, solange wir nicht von der Unzulänglichkeit unserer wissenschaftlichen Eingriffe überzeugt sind, solange wir verkennen, dass Mensch*sein* nicht allein Denken heisst, solange wir eine Kultur der Intuition verwerfen. Wahre Planung geht nämlich nicht den Computer, sondern den Menschen an; dieser denkt und schliesst, aber er hat auch die Ahnungen zu gestalten. Wollten wir global gestalten, so müssten wir global fühlen und handeln. Und dies immer. Wir müssten uns gerade über jenes mechanistische Denken erheben, das uns in Zahlen und Mehrheiten verrät. Theorie und Praxis müssten sich also finden. Der Mensch *plant* nicht nur, er *lebt* auch, und er lebt *gespalten*. Alle Planung müsste also *gegenwärtig* wirksam werden. Man müsste Gott wieder freie Hand lassen. Er führt uns einem anderen Paradies zu, als es die Lochkarten wahrhaben wollen. Die Prognose muss als Wunsch *Tat* werden. Das ist alles andere als das Anliegen von Gelehrten.

Kehren wir mit solchen Bedenken zu Robert Jungk zurück, so gehen wir mit ihm einig, dass die Zukunftsforschung zu viel versprach. Viel zuviel! Sie hat das Maul mit Nichts vollgenommen. Wir sind einverstanden: Zukunftsforschung ist spekulativ, und sie ist daher *irreal*. Sie ist aber nicht *einseitig* entwickelt, sondern *unter*entwickelt. «Demokratisiert» sollte sie werden, meint Jungk. Hier sitzt er einem üblen Begriff auf. Bis heute konnten wir nur sehn, dass alle, die zu demokratisieren vorgeben, es undemokratisch tun. Jawohl: Wissenschaftliche Zukunftsforschung ist ein Irrtum, ein Irrweg, mehr noch: Unsinn und, weil sie nicht Tat ist, Unfug. Wenn sie uns etwas zu sagen hätte, so müsste sie uns heute eine *Magna Charta* des *sine qua non* ins Herz legen: ein Verzeichnis unserer Todsünden wider die Zukunft. Zukunft will nicht erforscht, sondern jetzt, hier, allzeit und von jedem gestiftet werden. Das bedarf anderer als futurologischer Massstäbe.

Meine geistige Welt

Gestern weilte ich, ein Zweiundvierzigminutengespräch über den «Sichtbaren Geist» für den hiesigen Sender aufnehmen zu lassen, in Bern. Der Gesprächspartner Otmar Hersche hat sich sehr um mein Buch bemüht. Seine Fragen sind so verständig wie genau.

Ich habe versucht, meine naturphilosophische Lebensarbeit für Laien zusammenzufassen. Das Ergebnis der Sendung dürfte also so aussehn: Lebenslang hat mich das Staunen über die massvolle Schönheit der Natur begleitet. Ich besass schon als Primarschüler eine doppelte Klaplupe und eine Pinzette. Mit ihnen lernte ich viele Blüten kennen. Ich zählte ihre Organe, merkte mir die Formen und lernte sie zu benennen.

Im ersten Gymnasialjahr schenkte mir mein Vater ein kleines, aber sauber gearbeitetes Mikroskop, das mir mit seiner 270fachen Vergrösserung viele Einblicke in botanische Schnitte, aber auch abenteuerliche in die Welt des Planktons gestattete. Der Botanikunterricht im lichtvollsten obersten Stockwerk der Schule, den ein väterlich besinnlicher Lehrer erteilte, begeisterte mich. Als Pfadfinder reichte ich zu jener Zeit bei meiner zweiten Prüfung eine umfängliche Arbeit ein, in der ich die Wirkung chemischer Substanzen auf pflanzliche und tierische Zellen untersuchte und mir mittels der Salze und Säuren osmolytische und chemotaktische Grundbegriffe erwarb.

Bei Studienbeginn besuchte ich neben germanistischen, romanistischen und philosophischen Vorlesungen die grosse Kristallographievorlesung Paul Nigglis an der Eidgenössischen Technischen Hochschule. Es ging mir dabei um das entscheidende Erlebnis von Mass, Wohlklang, Schönheit. Ernst Haeckels «Natur als Künstlerin» war leitend.

In der Folge dieser nie preisgegebenen Leidenschaften ging ich 1937 die «Phänomenologie des Lebens» an. Ich schrieb das Buch unmittelbar nach meinem Doktorat in vier Wochen nieder. Es erschien aber umständehalber erst 1951. Darin eroberte ich mir in morphologischen Gedankengängen die Mass- und Massenverhältnisse der Zellrhythmen als verflochtene Chemismen. Ich versicherte mich auch ein erstes Mal meiner Begriffe des Subjekt-Objekt-Organons, des Infinitesimals, der Polarität und der Steigerung, die ich mir 1935 in einer dreissigseitigen Schrift über «Goethes Morphologie und Schellings Weltseele» gesichert hatte. Die Arbeit war damals unter dem Präsidenten der Hölderlin-Gesellschaft Paul Kluckhohn (1886–1957) und dem Philosophen Erich Rothacker (1888–1965) in der Deutschen Vierteljahresschrift für Literaturwissenschaft und Geistesgeschichte erschienen.

Anschliessend an die weitere Begründung und Bewährung meiner Begriffe untersuchte ich 1942 in der «Phänomenologie des Raums» das Verhältnis von Anschauung und Denken. Ich tat es in der Grenzschicht der Axiome und im Verhältnis der euklidischen zu den nichteuklidischen Geometrien. Dabei verwurzelte ich das Beweisfeld der euklidischen Geometrie in der Evidenz und Unbeweisbarkeit der Axiome. Auch diese Schrift erschien verspätet: 1959.

Damit war der Unterbau zum «Sichtbaren Geist» geleistet. Zuvor aber gab ich mir über den Stand meines Denkens in der Schrift über «Die Farben der Pflanze» Rechenschaft.

Ich hielt lediglich das Phänomen als «wahr» und erforschbar. So verstand ich denn jenseits der Fragen um das Ich und das Ding an sich die Erkenntnis als Selbstverständnis der Natur, die sich ähnlich der Welt der Axiome sowohl objektiv in der erkannten Welt wie auch subjektiv in der erkennenden Welt mittels der kategorialen Urphänomene vollzieht. Es sind dies Vibration, Polarität, Symmetrie, Rhythmus, Differenzierung, Potenzierung und Komplementarität. Sie bedingen die Erkenntnis und konstituieren die Natur. Der Geist ist Natur und deren Gesetze sind auch die Gesetze des Geistes.

Sind sie dies, so schliesst der Geist dem phylogenetischen Grundgesetz gemäss alle Vorstufen des Lebens wie jene des Lebens selbst ein. Seele und Geist besitzen demnach eine abgründige Archäologie.

Phänomenale Gegenstandskategorien und phänomenologische Erkenntniskategorien klaffen aber um die Parallaxe, die zwischen dem

Pyritpentagondodekaeder und dem platonisch-euklidischen Zwölfflächner irrational aufklafft, auseinander. Die Parallaxe ist objektiv infinitesimal konstitutiv, also subjektiv inkommensurabel. Dies erweist wiederum die Grenzbereiche von Anschauung und Denken. Das Geheimnis des Lebens wurzelt darin.

Bei all dem schliesst die Selbstoffenbarung der Natur als Selbsterkenntnis ihrer alle Wissenschaften pansophisch zusammen. In diesem Sinne habe ich auch im Blick auf die Kulturstufentheorie Herbarts zwei biographische Schriften meiner Genealogie gegenübergestellt. Es geht in meiner alamannischen Welt um Leib gewordene und erzogene Anlagen. Genealogie hat für mich vorerst einen naturwissenschaftlichen Sinn.

Es gälte nun die Geisteswissenschaften mittels der kategorialen Urphänomene und der Archäologie der Seele wie des Geistes als unsichtbare Natur so zu gewinnen, wie ich mir mittels ihrer die Geheimnisse des Sichtbaren Geistes erworben habe.

Die Wurzel der Transzendentalen Konvergenzphilosophie in Kant

Als ich mich in den Studienjahren 1934 bis 1936 daran machte, Edmund Husserls «Logische Untersuchungen» in der umgearbeiteten Neuauflage von 1913 zu bewältigen und ich es, der Einprägsamkeit wegen, in zahlreichen Auszügen tat, las ich, mich der Begriffshorizonte zu versichern, mit aufmerksamer Sorgfalt Satz für Satz die «Kritik der reinen Vernunft», die Ernst Cassirer, von Albert Görland betreut, im selben Jahr 1913 vorgelegt hatte. Die Einleitung der Methodenlehre der reinen Vernunft ging von der Vorerinnerung aus, «dass es zwei Stämme der menschlichen Erkenntnis gebe, die vielleicht aus einer gemeinschaftlichen, aber uns unbekannten Wurzel entspringen, nämlich Sinnlichkeit und Verstand, durch deren ersteren uns Gegenstände *gegeben*, durch den zweiten aber *gedacht* werden. Sofern nun die Sinnlichkeit Vorstellungen a priori enthalten sollte, welche die *Bedingung* ausmachen, unter der uns Gegenstände gegeben werden, so würde sie zur Transzendentalphilosophie gehören».

Da ich aber am Ende der Arbeit, die eine Architektonik der Erkenntnisse aus reiner Vernunft verheissen hatte, abermals lesen musste, dass diese Architektonik von dem Punkte ausgehe, wo sich die allgemeine Wurzel unserer Erkenntniskraft teile und zwei Stämme auswerfe, deren einer Vernunft sei, wobei Kant unter Vernunft das ganze obere Erkenntnisvermögen verstehe und damit das Rationale dem Empirischen entgegensetze, wurde mir aufrüttelnd klar, dass das Hauptwerk Kants lediglich die Begründung des einen Zweiges der Dichotomie leistet, aber das Hauptanliegen offen lässt und sowohl den anderen Zweig wie auch die Gabelung kaum berührt. In der Folge sah ich mich 1937 in der verengten Fragestellung der «Phänomenologie des Lebens» und in der grundsätzlichen der «Phänomenologie des Raums» von 1942 dazu gedrängt, den Kerngedanken Kants aus seinen intuitiven Gründen her zu bedenken und überdies den ferneren Weg Kants aufzuspüren und zu erforschen.

Ich war in der Folge glücklich, als ich zu Beginn der vierziger Jahre in Besitz des vergriffenen Bandes «Kants Opus postumum» kam, den Erich Adickes 1920, mit grossem Fleiss zusammengetragen, vorgelegt hatte. Etliche seiner Materialien waren während der Jahre 1882 bis 1884 in der «Altpreussischen Monatsschrift» veröffentlicht worden, und sie wurden durch die Erben des Hauptpastors Albrecht Krause dem bemühten Herausgeber in der Hamburger Stadtbibliothek kurz, aber vollinhaltlich zur Verfügung gestellt.

Adickes befliss sich, die Chronologie der Texte zu bereinigen und diese in drei Jahren aufzuarbeiten. Dabei wandte er sich vorab auch den bisher unveröffentlichten Seiten zu. Leitend blieb ihm, dass der alternde Kant mit Inbrunst an diesem «wichtigsten Werk» gehangen hatte, wobei er seine Ergebnisse für bedeutend hielt, auch wenn sie noch der Feile bedürftig seien.

Nach dem Tode Kants hatte sich dessen Bruder, Johann Heinrich, daran gemacht, die Bestände zu redigieren, so dass der Zustand der ursprünglichen Konvolute verändert wurde. Ähnlich verfuhren spätere Bearbeiter, ehe die Familie Krause das nachgelassene Werk der Jahre 1796 bis 1801 nach 1888 in erläuterten Belegen der Wissenschaft übergab und Hans Vaihinger (1853–1933) der Sammlung 1884 den missverständlichen Titel «Opus Posthumum» gegeben hatte.

Die Papierbündel haben die verschiedenen Absichten der Erbfolge schlecht überstanden. Unter solchen Voraussetzungen war die Arbeit Adickes nur unter grossem philologischem Aufwand möglich. Leider verfehlten auch «Kants gesammelte Werke» der Akademieausgabe der Jahre 1936 und 1938, die in den Bänden XXI und XXII vorliegen, ihren eindeutigen Auftrag, so dass heute – zweihundert Jahre nach den Aufzeichnungen – als Fazit gilt: «Wir brauchen dringend eine kritische Ausgabe der Vorarbeiten zum *Übergang von der Metaphysik der Natur zur Physik*.» Dies das Urteil des Marburger Leiters des Kant-Archivs, Reinhard Brandt, in einer Editions-Rechenschaft des Bandes, der 1991 aus dem Forum für Philosophie Bad Homburg hervorgegangen ist.

Mit dem Besitz des Werkes von Adickes begannen jedoch meine Wirrnisse und Nöte. Viele Texte, die zu Kants Bemühungen gehören, wurden erst in Band XXIII der Akademieausgabe aufgenommen, andere, die sich in den Bänden XXI und XXII finden, gehören nicht in das Nachlasswerk. Dem entspricht der Textzustand von Adickes. So galt es denn viele zufällige Notizen und Entwürfe Kants nach erwogener Einsicht anderen Kontexten zuzuweisen und von den gesicherten Beiträgen des «Übergangs» zu scheiden, Fragliches zurückzustellen, eine innere Ordnung zu schaffen, also ein unvorstellbares editorisches Chaos zugunsten der bedrängendsten Anliegen Kants zu lichten. Teile des geplanten Übergangswerkes sind durch Einfälle anderer Sachkomplexe verschüttet, und zugehörige Stücke tauchten unvermutet auf. Ich hatte also mit beschränkten Kräften und mit beschnittener Zeit eine sträflich unzureichende Forschung zu ersetzen und urteilend zu sichten. Der Zufall der Konvolute sollte zu Sinn gelangen. Dabei erwies es sich als überaus hinderlich, dass Kant selbst zu anderer Zeit seine Akzente anders setzte, weil er sich verschiedener Stufen seiner Lebensarbeit erinnerte.

Bindend blieb aber stets, dass es eindeutig nach einer «Wissenschaft vom Übergang von den metaphysischen Anfangsgründen der Naturwissenschaft zur Physik» zu fahnden galt. Es geht also entscheidend um die Gabelung jener Dichotomie Kants. Als der Philosoph 1786 davon sprach, dass es die Kluft zwischen Anschauung und Denken zu überbrücken heisse, meinte er dies ausgesprochen als selbstkritischen Auftrag. Ihm erschien der Übergang als ergänzende Berichtigung seines Systems. Es war geboten, das Elementarsystem a priori zu schliessen, und er tat es in Zwischen- und Mittelbegriffen. Er entwarf diese, um den Begriff der Materie zu erreichen, vorab in der Bewegung als dem Übergang zur empirischen Wissenschaft. Damit entstanden die Mittelbegriffe in der Analytik der Grundsätze, dies auch dann, wenn Kant diese des öftern als «intermitierenden Puls» fragwürdig bleiben lässt.

Mittelbegriffe verbinden Subjekt und Objekt, die «Unterscheidung aller Gegenstände überhaupt in Phaenomena und Noumena». Das Ding an sich wird zum logischen Grenzbegriff, denn der Grenzstreit von Anschauung und Denken vollzieht sich jenseits der Logik in der Verschränkung ihrer. Er wird in der Grenzsetzung entschieden; sie aber erfüllt sich als Erkenntnistheorie. Die aposteriorische Sinnlichkeit lässt sich auf apriorische Anschauungsformen beziehen, wobei das Prinzip des Übergangs zur Frage steht. Diese Fragwürdigkeit bewältigt Kant auf den verschiedenen Stufen seines Gedankenganges verschieden. Er befleissigt sich dabei, auf «empirische Begriffe» und «empirische Gesetze» zu verzichten.

Letztlich bleibt vieles am Begriff der Spontaneität haften, denn das Objekt ist kein Produkt des Erkenntnisvermögens, aber dieses denkt den sinnlich gegebenen Gegenstand per modum recipientis. Von solcher Art ist es selbsttätig, so dass der Erfahrungsgegenstand unter Verstandesgesetzen in die Welt tritt, doch tritt er in die Welt!

Kant hat die Brücke über diese Kluft der Dichotomie vorerst in der Ätherdeduktion, dann in einer allgemeinen Bewegungslehre und letztlich in der Selbstaffektion geschlagen. Immer aber versuchte er, die Transzendentalphilosophie seines Entwurfs auf die wissenschaftliche Wirklichkeitserkenntnis anzuwenden. Tat dies der Ätherbeweis kategorial als hypothetischer Stoff, der die Realität hernach aus den bewegenden Kräften verstand, so war der allverbreitete, unbeschränkte Wärmestoff Grund der möglichen Erfahrung, die jede Körperbildung der Vibration verdankt.

Der Wärmestoff war lange oberstes Prinzip des Übergangs von den metaphysischen Anfangsgründen zur Physik. Für ihn gab es vorerst bei Kant kaum einen Apriori-Beweis, so dass dieser die Lücke durch ein erläuterndes Urteil nach dem Prinzip der Identität zu schliessen versuchte. Der Äther galt implicite unserem Begriff der Erfahrung. Seine Existenz gibt der Existenz der äusseren Erfahrung die Einheit. Es geht um die omnitudo realitas als Hypostasierung, wobei das materiale Einheitsprinzip von unbestimmter Materie bleibt. Als Stoff muss er aber hypothetisch gegeben und darin a priori notwendig sein. Wird das cogitabile zum dabile, so gilt: omnimoda determinatio est existentia. Die Ätherkräfte wie vibrationes, oscillationes, undulationes bilden damit den Übergang zur kategorialen Bewältigung der Realität Hermann Cohens. Kant hatte den Äther als elementaren Wärmestoff alldurchdringend, selbstbewegend, als objektiv auch subjektiv notwendig und als a priori kategorial bestimmt. Der hypothetische Stoff ist schlechthin denknotwendig. Er trägt den Begriff des Ganzen aller äusseren Erfahrung.

Damit ist er kosmologischen Ranges und transzendental gewährleistet.

All dies wird in der reinen Bewegungslehre erneut angegangen und geläutert. Sie versteht die Materie als bewegende und bewegliche Kraft. Damit nimmt sie das Motiv des unendlich Kleinen als begrenzendes Prinzip, das der Kontinuität pflichtig bleibt, vorweg. Das Bewegliche im Raum ist a priori bestimmbar, und es hat seine Topik.

Auf letzter Stufe versteht Kant die Selbstspaltung, die in allem vorgegeben ist, als Selbstsetzung kategorialer Schöpfung. Die Spaltung macht das Geheimnis aus: verum est *ipse* factum. Intellectus exhibet phaenomena sensum. In der Folge haben die Mittelbegriffe in reiner Verstandesform sinnlichen Inhalt. Die Spaltung besteht darin, dass das Subjektive der Erfahrung als äusserer Gegenstand ihrer Möglichkeit objektiv wird. Damit überschreitet Kant seine Begriffe der reinen Vernunft.

Es geht nach all dem in der dichotomen Lücke um die Bewusstseinsspaltung, die Kant in der Selbstsetzungslehre umrissen hat. Die Akkommodation geschieht in der aktiven Zuwendung der cogitatio, wobei die Form die Synthesis der Erkenntnis bildet und kategorial zur Naturgesetzgebung wird. Der Verstand fasst das Mannigfaltige der Erscheinungen für die Erfahrung a priori. So fallen in der Selbstaffektion physische und transzendentale Aspekte zusammen. Die Empirie wird gesetzlich. Das Selbstbewusstsein ist wesentlich Selbstanschauung. Das Erkenntnisvermögen verschweisst die Äste der Dichotomie. Die Selbstsetzung bringt Spontaneität und Rezeptivität überein.

Kant hat also den Schlüssel des Übergangs darin gefunden, dass sich das Subjekt selbst affiziere: «Die Physik muss ihr Objekt selbst machen nach einem Princip der Möglichkeit der Erfahrung als einem System der Wahrnehmungen» (XXII, 405). In der dichotomen Spaltung setzt sich das Subjekt in der reinen Anschauung selbst (XXII, 12, 86).

Damit wird die Realität zum Geheimnis des Differentialbegriffs, wie ihn Hermann Cohen im Anschluss an Kant geschaffen hat. Berücksichtigt man überdies die Epoché Husserls, so steht auch die moderne Physik in der Nachfolge Kants. Sie tritt das Erbe der Ätherdeduktion und der Bewegungsanalyse auf unserer Stufe an. Relativitätstheorie und Quantenmechanik liefern dazu die Texte. Die Transzendentalität hat heutigen Rang. Sind aber die Kategorien als Einheiten der Synthesis transzendental deduzierbar, so gelten die Einsichten des «Sichtbaren Geistes» durchaus. Dies besonders dann, wenn sich im Opus postumum der Satz findet: «Erfahrung ist... nur beständige Annäherung in so fern das Mannigfaltige derselben asymtotisch in Einem System verbunden ist.» Nichts anderes stellt die Transzendentale Konvergenzphilosophie vor. Sie dient dem Brückenbau.

Zur Geschichte der Interdisziplinarität

Es ist merkwürdigerweise bisher übersehen worden, dass sich der Entwurf der Interdisziplinarität mit ertragreichen Gründen auf die Vaterschaft von Novalis zu berufen vermöchte. Er bekäme mit diesem Hinweis einen überraschenden Sinn. Friedrich von Hardenberg (1772–1801) hat in seinem bedeutenden «Allgemeinen Brouillon» vom September 1798 und vom März 1799 seine «Encyklopädistik» als «Construktionslehre des schaffenden Geistes» so entworfen, dass sie sich eindeutig von den sammelnden Enzyklopädien der Aufklärung abhebt. Seinem synthetisierenden Denken erschien die Bildungslehre in ihrem Trieb, eine Wissenschaft der Wissenschaften anzustreben, als «lebendiges, wissenschaftliches Organon» des «vollständig gebildeten Menschen» und dessen Wissenschaft als Eine. Es ging ihm demnach um den *ganzen* Menschen als dem Organon seiner

Weltbewältigung. Wollte er es erarbeiten, so wollte er geistvoll leben und nicht sammeln.

In der Folge entwarf Novalis die Wissenschaft in ihrer Einheit als *Ereignis* des wissenschaftlichen Unterfangens. War der Mensch ein Ganzes, so ging es letztlich um das Ganze selbst. Hardenberg bedauerte, dass die Glieder der Totalwissenschaft zu lange getrennt waren, und er trachtete leidenschaftlich, den Leib wieder zu gewinnen. Ihm hatten sich – nach Ludwig Tieck (1773–1853) – die «Ideen aus den verschiedenen Wissenschaften» gegenseitig zu erklären, zu unterstützen und zu bilden.

Ohne genaueres Verständnis hat Hermann Lübbe (* 1926), der als Professor für Philosophie und politische Theorie an der Universität Zürich lehrt, vom «Enzyklopädismus» des Deutschen Idealismus gesprochen und dessen «Prätention», «die ideelle Einheit des Wissens in einer ‹Enzyklopädie als System› darzustellen», in den Zusammenhang der Interdisziplinarität gerückt. Er hat aber auch mit Verdiensten auf die wissenschaftlichen Einheitstendenzen des 19. Jahrhunderts, beispielsweise bei Emil Du Bois-Reymond (1818–1896), hingewiesen. Auch Helmut Schelsky (1912–1984), der Hochschulreformer unserer Zeit, hat 1963 Schellings «Geist des Ganzen» angerufen, und Hartmut von Hentig (* 1925), der Bielefelder Pädagoge, verstand es, sich 1956 auf Friedrich Schleiermachers (1768 bis 1834) Feststellung, die Wissenschaftler seien sich im «Bewusstsein von der notwendigen Einheit alles Wissens» gesellt, zu berufen. Nie aber wurde die dynamische «Encyklopädistik» Hardenbergs als dienlich zugezogen!

Der philosophisch und historisch geschulte Helmut Schelsky hat, liberal und zielsicher wie er war, die Initiative zur Universitätsstiftung Bielefeld mitsamt ihrem Zentrum für interdisziplinäre Forschung, das sich in voller Freiheit als nützlich erweise, ergriffen und gefördert. Es gelang ihm trotz aller Widerstände, reformautonom zu verfahren und seither eine Reihe von wegweisenden Symposien durchzuführen oder zu ermöglichen. Er hatte sich bei seiner Denkschrift von 1965 der vergleichbaren Erfolge der Advanced Study in Princeton, Hanford, Berlin, Wassenaar und Jerusalem versichert und sich auch des Collège de France erinnert. Er verstand es überdies, zwischen 1965 und 1970 seine Planung haushaltgerecht anzupeilen und zu verwirklichen, denn seine Antrittsrede von 1960 hatte es leidenschaftlich unternommen, zur Einheit der Zusammenarbeit aufzurufen. Nur hat er sich seiner sozialwissenschaftlichen Anlage gemäss vor allen methodologischen Besinnungen desinteressiert zurückgehalten. Er hat stets die Theorie in ihrem *praktischen* Gebot begriffen und deshalb alle Traditionen, Interessen, Institute, die Politik und die Administration quer durchschritten. Er verharrte gerade in der Einsicht der pluralistischen Wissenschaften kämpferisch. In der Folge dessen wurden über dreihundert Arbeitsgemeinschaften, wie etwa jene der Forschungsgruppe für vergleichende Verhaltensontologie bei Tier und Mensch, mit Gewinn zusammengeführt.

Grundlegend war für Schelsky, der ein einheitliches Weltbild vermisste, das Zugeständnis, dass nur die geistige Überwindung der Wissenschaft die Bildung der Person gewährleiste, was Hartmut von Hentig 1987 in der Form «Niemand habe heute Bildung nötiger als der Fachmann» übernahm. Schelsky sah den Weg dazu in der wissenschaftlichen Einheit des Verstehbaren, in der Integration der Disziplinen, in der Kommunikation, der Koordination, wobei die Integration der bedrohenden Spezialisierung entgegenwirke und die Koordination Integration heisse. Die Einheit der Wissenschaften glaubt dabei an die Rationalität der Weltgegenstände, die Vervollkommnungsfähigkeit der Gattung Mensch, die Tendenz zur Wahrheit der Synthese, die Einheit als unausweichliches Werk des Menschen und die erkennende Selbstbestimmung des Geistes.

Während Schelsky das zunehmend ausdifferenzierte System der Wissenschaften mit ihren etwa viertausend Fächern in dreissig Disziplinen *praktisch* zu meistern hoffte, verzichtete er auf die Hierarchie der sich vorerst gleichgestellten Fächer. Die Integration aber musste zum Stufenwerk gelangen und über Komplementaritäten höhere Wissenseinheiten gewinnen. Dabei wurde sich die Interdisziplinarität über Grenzbestätigungen inne. Diese hatten die historischen Grenzen grundsätzlich zu überwinden.

Erkenntnisgrenzen konstituieren die Erkenntnis als Ganze. Diese habe also Methode und gelange mittels ihrer über die Perspektive der Spezialisierung hinaus zum Denkstil des Perspektivenkristalls. Die Wissenschaft der Wissenschaften wird in der Partikularisation geleistet. Darin findet die vorwissenschaftliche Ganzheit des Lebens zur nachwissenschaftlichen der gelebten Synthesen durch. Wir benötigen deshalb eine Philosophie der Disziplinen, eine Besinnung auf das Ganze in seinen Grenzen.

Das aber ist nur leistbar, wenn wir uns auf die Intersubjektivität Edmund Husserls (1859 bis 1938) besinnen und, vom transzendentalen Ich ausgehend, zur Konstitution der Welt gelangen. Damit aber wird nach dem Konstanzer Philosophen Jürgen Mittelstrass (* 1936) die Interdisziplinarität zur Transdisziplinarität. Die Einheit der Wissenschaft offenbart sich im Vollzug. Man täte gut daran, Novalis um seinen Beitrag zu befragen. Es wäre daher an der Zeit, zur Klärung seines Begriffs der «Encyklopädistik» eine interdisziplinäre Arbeitsgruppe zusammenzurufen, die vom verbalen Charakter des Begriffs auszugehen hätte.

Die Interdisziplinarität als wachsender Kosmos

Kaum einer wird bezweifeln, dass sich die Krankheit unseres Zeitalters an den verwirrenden Spezialisierungen unserer Arbeit zulänglich ablesen lässt. Der Mensch fertigt an seinem Ort mit ganzer Kraft Werkteile, die er nicht einzuordnen vermag, so dass ihm sein Kulturbeitrag nicht eindrücklich wird. Das Jahrhundert des Spezialisten hat es verstanden, die Verluste des einzelnen zu stolzen Gewinnen vieler umzubuchen. Ebensowenig ist zu bezweifeln, dass unsere hochdifferenzierten Formen des Lebens nicht nach dem naiven Rezept Rousseaus rückgängig gemacht werden können. Auch unsere Ausbrüche in eine Vielfalt von Freizeitbetäubungen sind wenig hilfreich. So gilt denn die Resignation Carl Friedrich von Weizsäckers, der sich dem Wahn, es gelte alle Differenzierungen und Spezialisierungen abzubauen, versagt. Vielmehr müssen unsere blendenden Spezialisierungen in ein wachsendes Weltverständnis eingebaut werden, und so ist denn vorab das Verständnis des Ganzen als Bewusstsein zu schaffen. Das aber verlangt gebieterisch nach einem künftigen Kosmos unserer Stufe. In ihm nur hätte jede vorangetriebene Einzelleistung funktionellen Rang. Der Teil erst ermöglicht das Ganze, so dass die Spezialisierung Werte zu schaffen vermag.

Wir sind dahin unterwegs. Nachdem wir unsere individuelle Geltungssucht nach dem Vorbild der mittelalterlichen Bauhütten abzubauen begonnen haben, ermöglichen die Gruppenleistungen die Verwirklichung bisher unerreichter Ziele. Die ganze Astronautik ist wie die Erforschung der Quantenphysik ein triumphales Symposion. Dieses vollzieht sich in der achtungsvollen Begegnung der einzelnen Wissenschaften und im Vergleich ihrer Methoden und Handgriffe.

Der Vergleich selbst wird zur Wissenschaft: der Wissenschaft von der Wissenschaft nämlich. Die Ergebnisse können nicht ausbleiben. Sie entwerfen hier und dort gleichermassen verbindliche Empfehlungen der Sachbewältigung. Diese bezeugen aber die transzendentale Struktur des menschlichen Wesens und bauen so an einer unabdingbaren Art und Weise des erkennenden wie des schöpferischen Zugriffs.

Diese fortschrittliche Wissenschaftswissenschaft wird in der Erforschung der Interdisziplinarität und ihrer Gesetze geleistet. Das Strukturgesetz der interdisziplinären Begegnung der benachbarten wie der entfernteren Wissenschaften entfaltet die zur Ganzheit geordnete Wirklichkeit unserer Welt aus den Wurzeln der allgemeinen Menschenmöglichkeiten. Damit baut es alle Spezialisierungen in die Einheit der menschlichen Sachbewältigung ein.

Die interdisziplinäre Forschung verfährt in Zurückhaltung und staunender Duldung interfakultär, und sie gelangt nach und nach über die vielfältigste – pluridisziplinäre – Bemühung zum kosmischen Werk. Das bedarf der Selbstbeschränkung als Zugeständnis der reichen Möglichkeiten. Selbstverständlich, dass dies alle hilfsbereiten Zusagen einer überwölbenden Forschungsorganisation benötigt und mit der Humanisierung der Wissenschaften ein Ethos, dann aber den Kosmos selbst meint. Das menschliche Selbstverständnis fruchtet erst mit der Verständigung.

Bis dahin sind allerdings noch viele Missverständnisse und dogmatische Erstarrungen abzubauen, wobei schon der Abbau die Ergebnisse zeitigt. Vorab ist die Lehre von den Analogien neu zu gewinnen. Sie hat sich als tragfähiges Werkzeug angeboten, wurde aber selten kritisch aufgegriffen. Man hat sich ihrer vielmehr des öftern blindgläubig bedient oder sie unbesehen verworfen. Es ginge aber um eine erhellende Erörterung der Ähnlichkeiten. Einzelne Merkmale, die übereinkommen, machen noch keine Analogie voll aus. So gälte es etwa zu sichten, ob biologische Strukturen tatsächlich dissipative Strukturen der irreversiblen Thermodynamik *sind* oder ob sie solchen nur *gleichen*. Gewiss: Die dissipativen Strukturen entropiegetriebener offener Systeme erinnern an die biologischen Strukturen des Lebens. Sie werden wie diese dem Gleichgewicht fern instabil und erobern des öftern sprunghaft neue stabile Zustände. Sie verwandeln Energie. Doch hat man selbst diese Tatsachen in ihrer Übertragung auf die Biologie als irreführende Analogien eingestuft. Sind sie wirklich solche? Es könnte doch sein, dass ein zulänglicher neuer Analogiebegriff die verschiedenen Stufen der Weltevolution überspannt, dass er also der Potenzierung untersteht und die Analogie wesenhaft wird. Grenzfragen solcher Art bedürfen der interdisziplinären Gemeinschaftsforschung. Ihr bietet die Heterochronie der sprunghaften evolutionären Veränderung ein weites Feld der klärenden Verständigung. Gemeint sind die Fragen der Selbstorganisation über dem Hintergrund der Analogie.

Analogie meint vorerst wenig mehr als die allgemeine Sehnsucht jeder Disziplin nach allgültigen Gesetzen. Vielleicht leistet der Begriff aber mehr. Man soll sich dessen erinnern, dass er seine Geschichte hat. Die pythagoreische Schule vergleicht in ihm Verhältnisse und Differenzen. Sie versuchte arithmetisch und geometrisch eine harmonische «Mitte» zu bestimmen, wobei dann Platon die «Mitte» als Einheit des Zusammenhangs kosmologisch verstand. In der Folge meinte das Eine das Ganze, so dass die Scholastik die Schöpfung Gottes als «Mitte» sah. So könnte die Ähnlichkeit unverwandter Organe einer neuen Wissenschaft rufen, denn die Geschichte des Begriffs geht weiter. Die interdisziplinäre Forschung ist vielleicht auf der Spur einer verbindlichen Analogienlehre, und diese vermöchte wohl Entscheidendes dazu beizutragen, dass unser künftiger Kosmos des wiedervereinigten Lebens als Ereignis der Interdisziplinarität heranwächst.

Die unsichtbare Leserschar

Ich habe, wenn ich der Schwierigkeiten gedenke, die der Sache wegen etliche meiner Bücher ihren Lesern bereiten, eine verhältnismässig beträchtliche und bemühte Leserschar. Nur weiss sie es nicht, und dieses Nichtwissen macht sie auch unsichtbar.

Meine Lebensarbeit ist bisher mit 79 selbständigen Schriften belegt, wovon – nicht alle sind gedruckt – dreimal sieben Gedichtbände für den Kern meines Wesens zeugen. Dass diese Bemühungen durch eine Reihe poetologischer Schriften aufgeschlüsselt und in das Bewusstsein gehoben werden und dass viele Zeugnisse für das literarische Erbe und einzelne literarische Zeitereignisse einstehn, wird keinen ihrer Leser verunsichern, während die essayistische und monographische Ausweitung zur Kultur- und Religionsgeschichte hin schon besondere Neigungen voraussetzt. Völlig befremdlich wird aber gar die philosophische Verwurzelung der Gedankengänge anmuten, und die Schriften zur Genealogie, die in naturwissenschaftlicher Betrachtungsweise Ahnenerbe und Biographie konfrontieren, liegen von den lyrischen Kristallisationen der Weltbewältigung scheinbar weitab. Dies besonders dann, wenn man inne wird, dass sie eine alltägliche tätige Politik unterbauten. So ist denn mein Lebenswerk der Sache und der Form nach weit aufgefächert, und äussert es sich in Gedichten, Aphorismen, Essays und umfänglichen Darstellungen, so wird es überaus verwirrend.

Aus solchen Gründen habe ich 1986 meine Innsbrucker Dankrede zur Entgegennahme des

Wolfgang Amadeus Mozart-Preises der Goethe-Stiftung Basel mit den Worten vorgestellt:

«Zwar wurden meine Gedichtsammlungen schon vor beinah einer Generation mit dem Conrad Ferdinand Meyer-Preis ausgezeichnet, wobei dieses Urteil unter Einbezug meiner literarisch-kritischen Tagesarbeit 1974 durch den Literaturpreis der Stadt Zürich erhärtet und dann durch den Kogge-Literaturpreis der Stadt Minden erneut bestätigt wurde;

zwar wurde mir für meine einschlägigen Essays und eine Werkausgabe der Paracelsusring der Stadt Villach zugesprochen, während die Stadt Überlingen mit ihrem Bodensee-Literaturpreis meine genealogisch-historischen Bücher der Ehrung wert fand;

zwar wurden auch meine Aphorismen der ‹Kleinen Schule des Redens und des Schweigens› in die neue Rhetorikliteratur übernommen, und man hat überdies Kenntnis davon, dass ich im Rahmen der Poetik mit guten Gründen den syntaktischen und metrischen Rhythmen Friedrich Georg Jüngers den völlig anders gearteten kolometrischen hinzugewonnen habe, ja selbst meine ‹Phänomenologie des Raums› hat 1976 in die grossangelegte zweibändige Raumphilosophie Alexander Gosztonyis Eingang gefunden, und sie wurde dort tragfähig weiterentwickelt;

nie aber hat man in Folgerungen erwogen,

dass alle diese Facetten, seien sie naturphilosophischer, theologisch-kirchengeschichtlicher, kulturkritischer, literaturhistorischer, poetologischer oder dichterischer Art, eine kristallische Einheit vergegenwärtigen und dass diese Einheit das Wesen meiner geistigen Leidenschaft unauflösbar ausmacht.

Wer meinen Gedichten anhing, wusste kaum um meine Naturphilosophie, und wer sich um diese mühte, war selten gewillt, meine religiösen Schriften anzugehn. Dem ist von Facette zu Facette, von Sparte zu Sparte so. Es prägt das öffentliche Schicksal meines Unterfangens. Mein eigenstes Anliegen blieb seinem Bau nach völlig ungesehn, und wurde es erahnt, so erregte es zumeist Kopfschütteln und blieb in solcher Abwehr unverständlich und ungehoben.»

Damit habe ich mich dazu bekannt, dass diese Vielfalt das Anliegen selbst sei, und verhindert diese die Übereinkunft meiner Leser, so ist das schlechtere oder bessere Verständnis hinüber und herüber Voraussetzung und Wesensart meiner Arbeit. Das schlechte Gewissen des Lesers, der sich unvermittelt vor weniger vertraute Sektoren meines Baus versetzt sieht, gehört zu meinem Unterfangen. Je unsichtbarer meine Leserschaft bleibt, um so weiter ist der Weg zu meinem Ziele.

Es geht mir in einer Zeit des verarmenden

Spezialistentums um die Lebenstat des *ganzen* Menschen, also um die Bewusstseinsgegenwart der Welt als ihrer Bewältigung. Da ist nichts auszulassen. Der rings ausgreifende Gegenstandseinbezug erwirkt in der Vermählung des Entferntesten den Sinn meiner Arbeit. Dieser ist des festen Glaubens, dass sich, dem einen Menschengesicht gemäss, in der Interdisziplinarität der verbindliche transzendentale Kosmos ausläutere. Die Bereitschaft dazu öffnet den Weg in die befriedete Zukunft und holt zu den unumgänglichen Zielen aus. In dem Masse, wie sich meine Leserschar zusammenfindet, tritt meine Bemühung ihre Verwirklichung an, und in dem Masse, wie sie sich unerkannt fern bleibt, versagt mein Entwurf. So bin ich denn ohne die Gemeinschaft meiner Leser nichts. Die unsichtbare Leserschaft kennzeichnet unsere Geschichtsstufe – eine Geschichtsstufe, die sich so zu verfehlen scheint, wie sie sich zu erfüllen vermöchte. Da ist nichts anmassend, es ist vielmehr in Demut ohnmächtig!

Demnach befindet sich jeder meiner Leser in einem befremdlichen Zaubergarten. Lesend ist er darin unterwegs. Besinnt er sich, so geschieht es vor der Frage, welcher Art, Verführung und Ausflucht die Zauber, die ihm zufallen, seien; wo er sich aufhalte und wie sich ihm das erwartete Ziel wirklich stelle.

Die Wanderung geht von einem ansprechenden oder gar aufreizenden meiner Bücher aus; sie tritt ihren Fund als Zufall einer zwar anderen, aber begehbaren Welt an. Selbst die widerstrebende, jedoch leistbare lockte. Sei es, dass es in das eigenständige Gehölz des Gedichts («Die Siebensilber. Sämtliche Gedichte») entführe, sei es, dass es dessen Bau und Eigenart als Lehre erhelle («Zirkelschlag der Lyrik», «Evolution der Lyrik»), oder sei es, dass es Begegnungen (Rudolf Pannwitz, Albin Zollinger, Xaver Alexander Gwerder, Ernst Jünger, die Zürcher Freitagsrunde) oder solchen des Geistes (Lao-tse, Boëthius, Lullus, Paracelsus, Leibniz, Lessing, Goethe, Novalis) inne wird. Immer ist der andere als anderer auf einer Pilgerschaft, und zu pilgern bedeutet, dass er sich sich selbst entfremdet oder aber überlaufe.

Es geht um einen Grenzgang, der von grenzenloser Herausforderung ist, jedoch den Autor meint. Dies allerdings geschieht auf einem vordergründigen gemeinsamen Feld: der Natur als Schöpfung, wobei sie beide der Klärung bedürftig sind, die Natur und die Schöpfung («Vom Sichtbaren Geist», «Die Osterkirche», «Die johanneische Botschaft»), jenes forschend, dieses in der wesentlichsten Rückbesinnung.

All dies vollzieht sich innerhalb des Lebens als Mitgift («Meine alamannische Geschichte») oder als hinzukommendes Geschenk des Autors. Dieser wird immer mehr zum unerreichbaren, aber verschriebenen Seelenführer. Als solcher ist er dem Leser so lebensnah wie fremd. Er wirkt aber wie mit den Wirbeln eines Soges. In ihnen finden auch die gleich bemühten Leser zusammen. Sie, die sich nicht kennen, betreten den selben Zaubergarten an anderem Ort. Sie vermögen sich aus eigenen Wegspuren zuzuwinken. Sie sind mit verschiedenen Bedürfnissen zum selben unsichtbaren Obern unterwegs. Der Obere empfängt sie in seiner Autorschaft.

In dem Masse, wie dieser sich in seiner verführenden Flucht gewährt, bildet sich seine Leserschar. Es ist die Leserschar eines persönlich Schaffenden, die diesem erst den Namen der Übereinkunft gibt, ihn als literarischer Bedeutung einstuft und würdigt. Der Erfolg des Autors, der viele bemühte Wege zusammenführte, macht dessen Ruf aus, der den Rang nicht berührt. Dieser Ruf gilt weniger ihm als dem Zaubergarten seines Gesichts. Er gedeiht in der sich gesellenden, aber noch labyrinthisch strebenden Leserschar als der Ordenseinheit einer zugeständigen Gefolgschaft.

Heutigentags mutet all dies befremdlich an. Keiner will sich einem andern in Verehrung anheimgeben, es geschehe denn in einer heillosen Kumpanei. Ein Werk, das sich erst in der einfühlenden Begegnung mit seinem Autor als *eines* Wurfes erschliesst, stellt Ansprüche, die unsere Zeit, die mit den Ellbogen denkt, nicht leisten will. So bleibt es denn voll guten Willens unsichtbar. Schwer zugänglich nennt man es.

Nachwort

Die zwanzig Beiträge unserer Schrift haben sich recht verträglich zusammengefunden. Da sie zum Teil zeitlich weit auseinanderliegen, an verschiedenen Orten eingesetzt sind und völlig anderen Zwecken dienen und dienten, war dies keineswegs selbstverständlich. Der eine gehorchte genealogischen Bedenken, der andere naturwissenschaftlichen Grübeleien, während weitere Trauerreden, Festreden oder auch schlichte Erinnerungen festhielten. Manche der Arbeiten versuchten philosophische Gedankengänge oder literarische Bestände zu erhellen. Eines aber ist allen Aufsätzen eigen: Sie lassen ferne Wegspuren aufleuchten, die auch dann, wenn sich die Ereignisse wiederholen, neue Sichten anbieten oder aber sich bestätigen. So wird in den vielerlei Zeugnissen ein Lebenslauf sichtbar. Dabei drängt sich gebieterisch die Frage auf, ob sich nicht geistige Ereignisse wie die interdisziplinäre Besessenheit ebenfalls genealogisch begreifen lassen. Eine solcherart seltsame Biographie bedurfte allerdings vieler Kräfte der wachen Daseinsbewältigung, und dieser Einsatz verwehrt über die tägliche Leistung hinaus voreilige Antworten.

Das Werkverzeichnis

Gedichte

Frühe Gedichte

Die Kelter des Herzens. Zürich-Berlin 1943	(1)
Schattenlos. Zürich 1945	(2)
Gedichte aus allen Winden. Zürich 1956	(3)
Glück in Glas. Zürich 1957	(4)
Aber von Thymian duftet der Honig. Zürich 1961	(5)
Das Himmlische Gelächter. Zürich 1962	(6)
Im Gitter der Stunden. St. Gallen 1963	(7)

Mittlere Gedichte

Der Ochsenritt. Zürich 1967	(8)
Nachricht von den Fischen. Zürich 1969	(9)
Die Zungenwurzel ab. Privatdruck Zürich 1971	(10)
Eineckgedichte. Zürich 1975	(11)
Das wachsende Gedicht. Zürich 1976	(12)
* Die Gedichte vom Siebenten Wald	(13)
* Der Rosenknoten	(14)

Späte Gedichte

* Sirenen sind dennoch Sirenen (1985)	(15)
* Denn Sirius weiss es besser (1986)	(16)
* Das verschwiegenste Wort (1986)	(17)
* Dorn und Wunde zugleich (1986)	(18)

* Im Nimmermannssternbild (1987)	(19)
* Lautlose Brücken (1987)	(20)
Die Fülle des Verzichts. Lahnstein 1990	(21)

Anthologien

* Auf Lüfte geschrieben. Ausgewählte Gedichte	(22)
Die Siebensilber. Sämtliche Gedichte. Lahnstein 1993	(80)
* Die Begleitgedichte der Siebensilber	(85)

Erzählungen

* Die dalmatinische Liebesnacht	(23)

Poetologische Schriften

Zirkelschlag der Lyrik. Zürich 1967	(24)
Der Zürcher Literaturschock. München 1968	(25)
Die Zürcher Traumaturgie.	
In: «Die literarische Tat», 1969–1970	
Signatur der Herrlichkeit.	
Die Natur im Gedicht. Zürich 1970	(26)
Evolution der Lyrik. Stuttgart 1972	(27)
Dichter und Droge. Einsiedeln 1973	(28)
* Gedichte zum Gedicht. Anthologie	(29)

Zu ergänzen durch:

Hugo Friedrichs Kategorie der Intensität. In: Sprachen der
   Lyrik. Festschrift für Hugo Friedrich. Frankfurt a. M.
   1975

Literaturgeschichte

Rudolf Pannwitz. Eine Darstellung seines Weltbildes.
    Hamburg 1937 (30)
Vom Geist der grossen Buchstaben. Halle a. d. S. 1937 (31)
Bürgen des Menschlichen. Zürich 1945 (32)
Die Zürcher Freitagsrunde. Zürich 1975 (33)
Rudolf Pannwitz und Albert Verwey im Briefwechsel.
    Zürich 1976 (34)
Zeugnisse zur Freitagsrunde. Zürich 1984 (35)
Ernst Jüngers Tagebuch des Jahrhunderts.
    Lahnstein 1986 (36)
Paracelsus und der Exodus der Elementargeister.
    Lahnstein 1987 (37)
* Das Hexeneinmaleins des Spiegels. Essay (38)
Einführung in Rudolf Pannwitz. In: Hofmannsthal–Pannwitz-Briefwechsel. Frankfurt a. M. 1993 (39)

Kultur- und Religionsgeschichte

Die Botschaft der Sternstrassen. Stuttgart 1967 (40)
Die Osterkirche. Stuttgart 1970 (41)
Baumeister der Unsichtbaren Kirche. Stuttgart 1977 (42)
Die Johanneische Botschaft. Lahnstein 1988 (43)
Die Idee Europa. Berlin 1988 (44)
* Mein Tao Tê King. Und: Hilfen zum Tao Tê King (45)
Bürgen des Abendlandes. Lahnstein 1992 (77)

Philosophie

Die Phänomenologie des Lebens. Zürich 1951 (46)
Die Phänomenologie des Raums. Zürich 1959 (47)

Die Farben der Pflanze. Stuttgart 1979 (48)
Vom Sichtbaren Geist. Stuttgart 1984 (49)
Die komplementären Lehren der transzendentalen
   Erkenntnistheorie und der erkenntniskonstituierenden
     Evolutionstheorie. Lahnstein 1989 (50)
Die Alge, die den Tod erfand. Naturkundliche
   Meditationen. Lahnstein 1991 (76)

Genealogie

ABC vom Zürichsee. Zürich 1956 (51)
Meine Alamannische Geschichte. Bd. 1:
   Ahnenlandschaft jenseits des Rheins. Zürich 1976 (52)
Die Schicksalsdrift. Zürich 1976 (53)

Zu ergänzen durch:
Des Gottshuses zuo Sant Jergen Liute.
   In: 900 Jahre St. Georgen, 1984, S. 143–150
Frühe Ahnen der Schwenninger Geschlechter.
   In: Genealogie 1984, Heft 10, S. 316–328
Der erste Schwenninger Jäckle.
   In: Das Heimatblättle 1985, September, Heft 9, S. 1f.

Meine Alamannische Geschichte.
   Bd. 2: Heimat Zürichbiet. Zürich 1976 (54)

Zu ergänzen durch:
Eheallianzen zwischen den Herrenstuben der deutschsprachigen Schweiz nach der Wende des Mittelalters. In: Jahrbuch der Schweiz. Gesellschaft für Familienforschung 1984, S. 103–147

* Die Reformation baut Brücken zwischen Stadt und Land. 12 Seiten
* Genealogische Genetik am Beispiel von E.J. Mit einem Faltblatt

Biographische Schriften

Die Schicksalsrune in Orakel, Traum und Trance. Arbon 1969	(55)
Schattenpfad. Frühe Erinnerungen. Zürich 1978	(56)
Niemandsland der Dreissigerjahre. Zürich 1979	(57)
Erinnerungen an die «Tat» 1943–1971. Zürich 1989	(58)
* Das Elsternnest. Zufälle und Einfälle	(59)
* Nidsigänds. Fingerübungen	(60)
* Nidsigänds. Weitere Fingerübungen	(61)
* Obsigänds. Nachträge	(62)
Geleit durch meine Pansophie. Lahnstein 1991	(63)
* Letzte Windmünzen	(78)
* Letzte Windmünzen. Zweiter Band	(79)
Die Lebenslinie. Stäfa 1993	(81)
* Nachträge zu den Letzten Windmünzen, 2 Bde.	(83, 84)

Notizen und Aphorismen

Kleine Schule des Redens und des Schweigens. Basel, Lausanne, Paris 1951	(64)
Die Goldene Flaute. Von der wortlosen Kunst des Segelns, Zürich 1959	(65)
Auf den Nagel geschrieben. Aphorismen. Lahnstein 1986	(66)

Politik

Kritik am Landesring.
  Schriftenreihe des LdU. Zürich 1943   (67)
Krise im Landesring.
  Schriftenreihe des LdU. Zürich 1943   (68)
Unser Weg in die Zukunft.
  Schriftenreihe des LdU. Zürich 1944   (69)
Die schweizerische Flugwaffe im Kalten Krieg der
  Interessen. Schriftenreihe des LdU. Zürich 1958   (70)

Teildrucke

Die Trilogie Pan. Halle a. d. S. 1934.
  In: Die Kelter des Herzens   (71)
Blüten in der Urne. Dülmen 1962   (72)
Die Elfenspur. Essays. Zürich 1958.
  In: Die Botschaft der Sternstrassen   (73)
Der Wald der Wälder. Festansprache Zürich 1973.
  In: Die Farben der Pflanze   (74)
Auf der Schwelle von Weltzeitaltern. Essays.
  Schaffhausen 1981. In: Die Johanneische Botschaft (75)
Die alltägliche Spiegelschrift. Stäfa 1992. Privatdruck.
  In: Die letzten Windmünzen. 2. Bd.   (82)

Herausgeberische Arbeiten

Rudolf Pannwitz: Lebenshilfe. Zürich 1938
Werke öffentlicher Kunst in Zürich 1939
Gedanken von Jean Paul. Berlin-Zürich 1940
Paracelsus. Seine Welt in Worten des Werkes. Zürich 1943

Max Rychner: Die Ersten. Ein Epyllion. Nachwort.
  Zürich 1974
Albin Zollinger: Pfannenstiel. Nachwort.
  Zürich 1983 und Frankfurt a. M. 1990
Verschollene und Vergessene. Rudolf Pannwitz.
  Eine Auswahl mit Nachwort. Mainz 1983
Grosse Schweizer und Schweizerinnen. Erbe als Auftrag.
  100 Porträts. Herausgeber und Beiträger. Stäfa 1990

* unveröffentlicht

Inhalt

	Seite
Vorwort	7
Genealogische Arbeitshypothesen	9
Genealogie als Naturwissenschaft	14
Der Vater	24
Das Wäldchen	27
Der gemeinsame Ahn	32
Wie die Bücher mit mir umgingen	35
Trauerrede auf einen Freund	45
Mein Weg nach Überlingen	49
Mein erster Verleger	57
Beim Wiederlesen nach fünfzig Jahren	62
Das europäische Gespräch zwischen Rudolf Pannwitz und Albert Verwey	69
Freunde und Gäste der Freitagsrunde	78
Zeitgeschichte in Widmungen	89
Die «Tat» nach Kriegsende	101
Zur Zukunftsforschung	105
Meine geistige Welt	110
Die Wurzel der Transzendentalen Konvergenzphilosophie in Kant	115
Zur Geschichte der Interdisziplinarität	124
Die Interdisziplinarität als wachsender Kosmos	129
Die unsichtbare Leserschar	133
Nachwort	141
Das Werkverzeichnis	142